講談社文庫

気がつけばチェーン店ばかりでメシを食べている

村瀬秀信

講談社

まえがき

いい大人とは、いい店を知っていることだ。

自分だけが知っているお気に入りの店、デートに使えるとっておきの隠れ家レストランに、名物店主や看板料理。そんなものを血眼《ちまなこ》になって探しては、違いのわかる大人になろうと目論んでいた若き日。チェーン店なんて存在はその対極に位置するもので、無粋も無粋。大量仕入れの大量消費で価格破壊を狙い、優良な個人店を駆逐する拝金主義者。そんな店へ考えなしに行く無教養な人間も同罪だ。そこの子供！　大事な外食の機会を「ガスト」でごまかされるな！　なんて考えていた時期もありました。

その思いはライターなんて自己顕示欲から成り立つ職業に就き、さらに〝サンポマスター〟を称する町歩き雑誌で書き出したことで、凄まじい深度の個性派飲食店、即ち〝いい店〟と数多く出会い「ああ俺〝いい大人〟になれている」と絶頂を迎えます。

そんな2007年の春。月刊誌『散歩の達人』で「連載を持て」と、当時の山口編集長に提示されたのが、何故か「チェーン店」でした。ちょっと待った！

雰囲気のいいお店！　知っています！　美味しい定食屋！　よく行きます！　センスのいい個人店！　お任せください！　高級店？　たまには行きますとも！　だけど、違うのです。僕は気がつくとチェーン店にいます。いつも。いつも。

１９７０年。府中にファミリーレストランの始祖鳥「すかいらーく」が1号店を出店したこの年以降、日本の外食産業を劇的に変えていったチェーン業態。それは75年生まれの筆者のようなバブルの後塵を拝する世代にとって、子どもの頃から最も慣れ親しんできたメシ。ステキなカフェで友人とランチを楽しんでも、帰りはソウルフードと化した「吉野家」で夕食。気の利いたスナックで気持ちよく飲んでも「和民」で飲み直し「日高屋」でラーメンをすする。本当は、個人店の方が好きなんです。でも悔しいかな、気がつけばチェーン店ばかりでメシを食べています。

その方が安いんです。便利なんです。で、何よりそこそこウマくて気楽なんです。

本書にはそんな筆者が通い過ぎたチェーン、愛し過ぎた店が登場します。「チェーン店」とはいってもＦＣ《フランチャイズ》形態やら本社直轄やらのれん分けやらの区分は関係なく、単純に複数店があるというだけの意味で用いております。あしからず。まぁ、チェーン店に入ったつもりで気楽に読んでみてください。

村瀬秀信

気がつけばチェーン店ばかりでメシを食べている 目次

気がつけば
チェーン店ばかりで
メシを食べている

各章末のＤＡＴＡ内のメニュー価格は、
注記がない限り税込みの金額です。

01

牛丼と七味

吉野家

ここは吉野家、味の吉野家、牛丼ひとすじ80年♪（※）

牛丼ひとすじ３００年。早いの美味いの安いの〜　なんて。

小学生の頃に子守唄のように聞いた吉野家のＣＭ曲と、キン肉マンの劇中歌。その中で謳われる〝ひとすじ〟の２２０年差に戸惑った思い出も、04年２月にＢＳＥ問題の影響で、〝ひとすじ〟の吉野家から牛丼が消えたことを契機に、豚丼やカレー、さらにそば屋まではじめた戸惑いに比べれば屁のつっぱりみたいなもので。

とはいえ、１８９９年に日本橋で創業した際の「吉野家」は、牛丼といっても当時流行の牛鍋風。天ぷらもあったというからそもそも〝牛丼ひとすじ〟ではなかったのである。ところが、そこから１０５年後、茨城県神栖町や長崎市では「牛丼ひとすじなのに牛丼が食べられない！」とヒスを起こした武闘派牛丼原理主義者が店員を暴行して逮捕される事件が続発。また、05年に牛丼が一日限りの復活を果たせば、各店舗の前には長蛇の列ができ、夕方のニュースは各局ともトップ報道と、我が国における牛丼の影響力。ひいては吉野家の牛に対する執念であり、〝ひとすじブランド〟の力。そして、改めて日本人は牛丼が、吉野家が好きなのだなぁと痛感させられた。

２０１６年現在。吉野家は豚丼、牛カルビ丼、ベジ丼にカレー。トッピングも豊富に豚半玉キムチチーズ丼なんてものまで頼める有様だ。多様化するニーズに応えなければいけない時代の必然なのだろうが、吉野家はやはり「牛丼の吉野家」だ。

あのBSE問題の最中、反対意見を押し切り「米国産牛肉が使えず、自分たちの牛丼を作れないのであれば牛丼は出さない」と提供中止してまでこだわった〝この一杯〟に懸ける剛健な精神。赤身と脂身のバランスが取れた米国産牛肉に、トロトロ玉ねぎと、100年間試行錯誤を繰り返して辿り着いた白ワインをベースにした秘伝のタレ。これをつゆだくでオーダーし、玉子と紅ショウガ。仕上げに「七味」をぶっ掛ける。最高だ。そう、大事なものは「七味」なのだ。テーブル上にセットされた吉野家だけに許されし魔法のスパイス。アレの前では吉野家がお家の存続をかけてまでこだわった〝米国産牛肉〟も脇役に霞んでしまう。そう。吉野家の牛丼はあくまでも七味があってこそ。あえて言おう。牛なんておまけなんです。アレは牛のダシが効いた七味丼なんです、と！

そもそも牛と七味の相性の良さは、わが国でも古くから知られた伝統である。「牛に牽かれて」でお馴染み、信州の名寺かの善光寺を見れば、その門前には八幡屋礒五郎なんて有名な七味屋がある。

吉野家の七味を食べて気がつかないだろうか。そこらのただ刺激を入れるだけの七味とは思想が違う。辛みと薬味がいい塩梅にブレンドされ、大量に投入しても口当たりでの辛さはほどほど。鼻腔の奥にお上品な風味が広がる至極の一品。

そして上質だからこそ、誰とでも寝ない。吉野家の七味は牛を選ぶ。試しにこの七味を他チェーンの牛丼に掛けてごらんなさい。全然違う味に落ちるどころか、誤って競艇場のモツ煮込みなんて劇物に掛けてしまうと、途端に侘しさばかりが増幅され、オケラの海に飲み込まれてしまう諸刃の剣。

あの風味と辛みの絶妙のバランスを持った七味の潜在能力を最も引き出すことができるのは、どうしたって吉野家の牛丼しかない。かつてコショーを求めて大海原へと船を出し、唐辛子を発見してしまったクリストファー・コロンブスが、もし当時吉野家の牛丼を知って航海に出ていたならば、意地でもジパングを発見するまで船に乗り続けたに違いない。それだけの魅力がこの七味には備わっているのである。

しかし、困ったことがある。この七味、店で食べる時はまだしも、持ち帰りの時に貰える量がまったくもって足りやしないのだ。日常における消費量から考えると、小袋で最低でも50袋は必要なのだが、他の牛丼チェーンとは違い、紅しょうがや唐辛子は「ご自由にお取りください」コーナーではなく、店員の胸三寸で決まってしまう。

そのため、何も言わなければ標準で2〜3袋の隠し味程度。そこでレジ先で店員に「もっと」「もっと」「掌で掴んであと3回ぐらい」などと訴えを起こすのだが、筆者が住む新宿界隈の吉野家は客が多く回転も早いので、ムダに人々の心を逆撫でることもしばしば。スムーズに事を終えようといつも試みるのだが、そんな時は大概店員が韓国人だったりするので悲しみが止まらない。まぁ、そのお陰で韓国語で唐辛子は

「コチュ」と言うことを学んだのだが。

　ならば、吉野家の唐辛子を箱で売ってもらうことはできないのだろうか。そう考え吉野家のＨＰへ飛ぶと、すでに「よくあるご質問」コーナーに「七味や生姜は販売していません」と機先を制する告知。なるほど。すでに国民の多くから要望が殺到しているようだ。ならば、自分で作るしかない。これだけの極上品である。レシピなんて国家機密並みに門外不出だろうが、ダメ元でお客様センターに問い合わせてみた。

「夏みかんの皮、黒ゴマ、青海苔、そして唐辛子をブレンドすればできます」

……随分あっさりと教えてくれた。ていうか七味どころか４つだよ！

　ところが、言われたレシピ通りに何度作ってみても、違うのだ。いくらやっても吉

野家の味にはならない。使っている素材が違うのか、分量が違うのか、そもそも決定的な秘訣を教えてくれなかったのではないか。

しょうがないので今日も今日とて吉野家へ七味を取りに行く。今日は客が少なかったので「コチュをいっぱいくれ」と店員に堂々と頼んだのだが、家に帰ってみると大量の紅しょうがが入っていてひっくり返った。勢い余って吉野家へ怒りのリターン。どうやら彼は中国人だったらしい。結果、僕の唐辛子言語に「ラーシャオ」という中国語が新たに加わった。

【文庫版おかわり】そんな話をしていたのも今は昔。国民からの待望の声に応えたのか、吉野家はついに「通販サイト」を立ち上げた。目玉商品はもちろん唐辛子である。30gの瓶詰め6本セットで1580円。……一食で1瓶使い切る量であると考えれば、俺は毎回250円分の七味を使っていたのかとはじめて知った。牛丼は、やっぱり店で食べるものだ。

DATA　株式会社吉野家（本社：東京都中央区）。1899年創業。全国1189店舗、海外667店舗（2016年3月現在）。牛丼並380円、アタマの大盛480円、大盛550円、特盛680円、半玉牛カレー並620円、鰻重三枚盛り1650円、＋130円でサラダ＋みそ汁などのセットに。

※吉野家牛丼CMソング

02

山田うどん

ダンス・ウィズ・山田うどん

その昔、故・中島らもがその著書において、関西人のアイデンティティはうどんであり、関東に対してどんなに劣等感を煽られても、「あんな黒いうどんは喰えへん」と言えば、関西の優位性を保つことができる人種であるみたいなことを論じていた。

筆者の身近なところにも四国出身者がいるのだが、奴は東京に来てから決してうどんを食べようとしない。得てして西の人間は温厚な奴ほどことうどんのことになるとアングロサクソン並みに攻撃的になり「関東のうどんなんて食えへんわ、キー！」とヒスを起こす。

確かに関西や讃岐のうどんはウマい。母乳を離れて最初に口にする食物がうどんと語られるように、彼の地にはうどんが生活の一部に密接しており、町を歩けば「ブレードランナー」のオープニングが如きうどん世界が広がる。そんな土地にうどん熱の低い関東が敵うわけが無い。関東人は先天的に「関東はうどんではなくそばの文化」と頭の中で位置付け、〝黒い〟と言われようが〝マズい〟と言われようが反論しようとはしない。近年四国・関西からのうどん開拓民が次々と入植したことも、そんな背景があったからではないか。

だが、そんな関東にも古くから密かにうどんが生活に密着していた。彼らは「ヤマディアン」と呼ばれ、埼玉県西部を中心に関東の工業地帯に広く生息する。

かかしのマークの「山田うどん」。彼らはそれを現地語で「だうどん」と呼ぶ。

「ナンやそれ？」と関西人が訝しがるのもムリはない。「山田」は東京に住む人間でも知る人は少ない。都心には浅草以外に店舗はなく、ちょっと東京に来た程度ではお目に掛かれない。東武伊勢崎線やら武蔵野線やらの電車に揺られてみてもまだ届かない。なぜなら駅の近くにない。郊外の街道沿いという原住民しか知り得ぬ場所にしか存在しないからだ。

武蔵野の荒野に映える黄色に赤のかかしマーク。悠久の時の流れを感じさせるドライブイン然とした飾り気のない店舗に、長距離トラックの運転手や、現場作業員たちが食後の居眠りをしても何の問題もない広大な駐車場。昭和10年の創業以来、手付かずで残ってきたうどん原住民。ここはまさに関東うどん界のラミー砦。看板の横には我らの心を知ったかのようなキャッチコピー。「嬉しい、楽しい、山田好き！」。こんなセリフ、日本じゃ山田かドリカムしか吐けやしない。

その味は基本的に関東風の黒いうどんであり、味の濃さは保証付きだが、べらぼうにウマいわけではない。だが、「山田」を味のみで計るのは野暮だ。というか、野暮ったいのが「山田」だ。カップルはまず見て見ぬフリをする。

「山田」の総本山であり世界一の「山田」タウンである埼玉県所沢市で街道を流せば、右も「山田」、左も「山田」の四面「山田」。どうしたって「山田」に当たる純粋ヤマディアンが住まうこの土地の「山田」熱は凄まじいと聞く。声を拾ってみよう。

「子供の頃から山田うどん喰ってたからねぇ。給食の麺も山田うどん。今も週に5回は行くね。そんなに好きなのかって？　別に……」（建設業・山田建さん【仮名】）
「毎日毎日、朝も山田、昼も山田、夜も山田の生活です。そんなにウマいのかって？　いや、別に……」（タクシー運転手・山田卓志さん【仮名】）
「美味しいかって？　いや、別に……」（専業主婦・山田エリカさん【仮名】）
いかがだろう。これがヤマディアン保護地区、所沢の山田うどん愛好者の模範解答である。「山田」へ食べに行くモチベーションの上位に「ウマいから」という項目はない。だが、そこには最低限の喜びがある。安くて味が濃くて腹いっぱい。高齢者や大学生など低所得層の力強い味方となる値段設定は、たぬきうどんが300円（2007年当時）という昭和プライス。それでいてかきあげ丼+うどん、パンチ（もつ煮込み）セットなど炭水化物×炭水化物の満腹中枢を問答無用に満たすハイカロリーさは、費用対効果の権化。頑張れば1万円で1ヵ月喰いつなげる気がしないでもない。
だが、そんな「山田」もその昔、色気を出して銀座に出店したことがあるという。しかしどう考えても土地の値段に対して元が取れるわけも無く撤退。以来、そんな黒歴史のためか、少しでも安く提供するためなのか、「山田」は地価の安い郊外の街道沿いで地域密着を決め込む。なんという崇高な精神。こんなステキな山田うどん。声を大にして「山田、全国制覇！」と叫びたいのだが、ヤマディアンたちは決して誇らない。ただ生活のために山田に通う。見せかけだけに惑わされることなく、質素でも本質を見抜いた選択をしろと語るが如く。

しかし、ここ数年のゴールドラッシュとも言うべきうどんブームにより、山田の聖地・埼玉西部にも、セルフ式うどん定期券など最新鋭の武器を揃えた「はなまるうどん」などの開拓者たちの侵攻が始まった。それが影響しているかどうかは知らないが、「山田」もここ数年は業績が伸び悩んでいるようで、２００７年には15年ぶりの値上げを余儀なくされた。

のどかに生活していたヤマディアンたちも、迫り来る全国的なうどんの近代化……いや関西化の波に飲み込まれてしまったのか、最近は山田離れを起こしていると聞く。このまま山田は座して時代の波に飲み

込まれてしまうのを待つだけなのか。否！　このうどん乱世を生き延びるため、ヤマディアンの同志たちよ、今こそ立ち上がるのだ！　我々の「山田」への愛を叫ぶのだ！　え、そんなにウマいのかって？

それはまぁ、別に……。

【文庫版おかわり】山田は開かれた。秘密のケンミンＳＨＯＷなど全国放送による紹介。あるいはえのきどいちろう・北尾トロ両氏などの深い愛を持つ研究者がその実態を世間に伝えた。かつて山田の砦にてバイトしていた川上マネージャーの縁で、ももクロの子たちがパンチを食べ、コラボしてＴシャツを出すなど、山田は世界の一部となった。でも皆、味の事には深く言及しない。

ＤＡＴＡ　山田食品産業株式会社（本社：埼玉県所沢市）。１９３５年創業。首都圏に１８０店舗（２０１４年４月現在）。たぬき（うどん・そば）２８０円、天ぷら（うどん・そば）３９０円、かかしカレーセット５９０円、パンチ（もつ煮込み）セット７４０円、玉子かけごはん（10時まで）２６０円など。

03

CoCo壱番屋

イチサン白書をもう一度

出会いは中学2年生の夏だった。「子供たちと宇宙」をテーマに、1989年に開催された横浜博覧会。「YES'89」なんて言いながら、リニアモーターカーが爆走するのを眺め、壮大なパビリオンが立ち並ぶその近未来的空間に身を置いた中で、筆者が最も宇宙《コスモ》を感じたもの。それは昼食に食べた「カレー」だった。

「CoCo壱番屋」。初めて聞くそのカレー屋はすべてが未来的に思えた。ライスの量、辛さ、そしてトッピングが選択できるという斬新なシステム。ひと口食べて以来、家で食べるカレーにも欠かせなくなってしまった「チーズ」とカレーの絶妙なマッチング。本物は赤くないと教えてくれた福神漬。そして20分で完食すればタダとなる「1300gカレー」の暴力的な存在感である。運が悪いことに、たまたま近くの席で大学生ぐらいの若いお兄さんが、1300gカレーに挑戦する光景を目撃してしまった。細身でひ弱そうに見えるお兄さんが、1300g挑戦を表明した瞬間の店内の異様な盛り上がり。そして、エベレストにも思えるカレー山脈の登場。それを挑戦者が見事に平らげた時の歓声……それは完全なる英雄の扱い。抜群にかっこよかったのだ。いや、今ならばぶん殴ってでも「そいつに憧れるな」と言ってやりたいのだが。

横浜博が人生にもたらした影響。それは「最新鋭の宇宙科学技術に触れることによって、日本の未来を担う若人になるべく、猛勉強に向かうであろう」という主催者や親の思惑を大きく裏切り、「1300gカレー制覇」という科学も宇宙も関係ない、ダメすぎる大人へ向けての大志を奮い立たせてくれたことだった。
いつかその盛りに……と憧れながら鍛えた胃袋は、後に中学・高校生と野球部で過ごしたことで家で食べるカレー如きは、大盛りで3杯はペロリと行けるまでに成長していた。しかし、残念なことに当時はまだココイチの店舗も少なく、我が地元に出店は無かった。店さえあれば確実にクリアできる。だが、闘うべき店が無い。思い焦がれた少年は、日毎夜毎、憧れのその店を思いながらガンジス川の畔《ほとり》でマントラを唱えるサドゥが如く、ココイチのショップカードにある「辛さ票」のセリフを何度も何度も読み返していた。

「1辛」口中ボーボー、三口でシャックリ。「2辛」汗はタララタラ、耳までマッカ。「3辛」目はパチパチ、十二指腸もビックリ。「4辛」頭はガンガン、二日酔いもマイッタ。「5辛」食身ガクガク、三日はケッキン。「6辛〜10辛」内臓破裂、医者の紹介致します……。

好きなのに。今会いたい。すぐ会いたい。なのに会えない私の私のカレーは1300グラム。思いは叶わず、片思いのまま年月は過ぎ去っていく。
23歳。最初の出会いから実に9年目。上京した高円寺で、夢にまで見た黄色の看板を発見。脊髄反射で入店してしまった。金など持っていない。されど、鋼鉄の胃袋さえあればここではそれが正義。10年来の宿願を果たすべく、オーダーするは万感の思いを込めた1300gカレー。運ばれてくる間、店の壁面を見れば、野球博物館の殿堂入り選手のレリーフのように、成功者たちの誇らしげなポラロイド。もうすぐそちら側へ行ける。あの日見た、英雄の姿に近づける——。

そこへ現れしは、あの日見たザ・マウンテン。北壁ならぬ白い米壁。色めきたつ店内。10年越しの戦いがはじまった。ひと口、ふた口……200グラム、500グラムと順調にカレーが胃袋へ吸い込まれていく。約1キロを平らげ残りはあとわずか。勝った！　我大願成就せり！　と、万感の思いが込み上げてきた……いや、チガウ。込み上げてきたのは……カレーだ。

貧乏で胃袋が小さくなっていたようだ。無念。失態は見せられないとゴール目前で慌ててトイレへ駆け込むと「失格」が言い渡された。いろんな意味で顔面蒼白である。

「お金は後で大丈夫ですよ。それより体調は大丈夫ですか？」

無銭飲食と罵られてもしょうがない筆者に、そう言ってくれた店員の菩薩のような微笑みを一生忘れない。今でもココイチの接客は天下一であると思う所以《ゆえん》だ。

結局、1300gカレーにはその後も三度挑戦したが、ことごとく跳ね返されて制覇は叶わず。2003年8月に食品リサイクル法の施行などもあって1300gカレーは歴史に幕を降ろした（一部、継続していた店もあったようだが）。

設立からわずか二十数年で、全国1000店舗を達成し、最近は世界でも話題になるほどだが、日本のカレー文化成熟の一翼を担ってきた、その功績は計り知れない。

　今では故郷にもココイチは出店を果たし、どの町にも黄色い看板が見えるようになった。そして未だに週に一度はココイチで通常量のチーズカレーに舌鼓を打っている。だが、何故なんだろう。あの日食べたチーズカレー以上の興奮であり、１３００gカレー制覇に向け情熱を燃やしたあの日々の感激は失われてしまっている。

　解決すべき問題は多いだろうが、筆者はどこかでもう一度、あの米壁に挑んでみたいと願っている。それはきっと僕だけのメモリーではない。あの興奮を知っているかつての挑戦者。そして、ばんばひろふみであればこう言ってくれるに決まっている。

「イチサン白書をもう一度」と。

【文庫版おかわり】２０１５年の冬、ハウス食品がココイチを買収したことが発表された。元々資本関係があったとはいえ、国内１２５９店舗、売上高は過去最高の４４０億円を達成したばかりの優良企業が身売りされる衝撃。詳細はよくわからないが、創業者の宗次徳二氏が保有する22％の株をすべて売却するという話を聞いて、いいニュースであることだけは確信した。というのも、宗次氏に一度インタビューしたことがあるのだが、この人の滅私奉公ぶりは超人か偉人レベル。本物はかくあるものかと心服したものだ。労働時間はイコールで人生と言っていいほどで、02年に引退してからも名古屋でコンサートホールを開設。音楽の普及などのボランティア活動を行っている。さらに現役時代から毎朝90分の掃除が日課で、今も栄の街で清掃員のおじさん然とした風貌でゴミを拾う現代の水戸黄門か暴れん坊将軍は、今回、株の売却資金もボランティア活動に充てるとか。ちなみに、お会いしたドサクサで１３００ｇカレー復活の直談判もしてみたのだが、菩薩のような微笑みと共に却下された。無念。

DATA　株式会社壱番屋（本社：愛知県一宮市）。１９８２年設立。全国１２７６店舗、海外１６２店舗（２０１６年３月末現在）。チーズカレー６４９円、ロースカツカレー７３２円。ライス４００グラム以上は、１００グラムごとに１０３～１２４円増し。店舗により地域限定メニューなどもある。

04

びっくりドンキー

国道沿いのメルヘンハンバーグ

生きているのがつらい。でも死にたくない。気を遣いすぎて疲れているくせに、結果的に気が利かず他人に迷惑を掛けてしまっている。この原稿もとっくに〆切りを過ぎたというのにまだ3行目。今しがた編集者から「あと何万時間待てばいいですか？」というご丁寧なメールも届いた。消えたい。嫌だ。もう嫌だ。

つらいとき、悲しいとき、耐え難い現実の重圧から逃げ出したいとき。人間は現実適応リミッターが振り切れてしまい、メルヘンの世界への逃避欲が極まるようだ。「びっくりドンキー」。それはメルヘンの国へのパスポート。現実逃避の手っ取り早い手段として腹を満たすことは常套手段である。しかし、この店のそれは、他の店とは根本が違う。得られるものは、単純に食欲を満たすだけのものじゃない。数ある大手外食チェーンの中でびっくりドンキーほど熱狂的な信奉者を抱えるファミリーレストランを筆者は知らない。

特に熱狂的なのが東北・北海道地区の出身者である。元々が岩手県盛岡で「ハンバーグのベル」として創業し、福島、北海道と発展してきた経緯がある。そちらの方の出身者は子供の頃から親しんでいることもあるのか、大人になってからも、あの異様にメルヘンな雰囲気を醸し出す店舗を見てしまったら素通りできない体になっているらしい。東北人3人ぐらいが言っていた。以前も伊豆で仙台人と「ウマい地魚でも食べよう」と店を探しはじめたのに、気がつけばチーズバーグディッシュをほおばっていた時はひっくり返ったものだ。

その恐ろしいまでの吸引力は何なのだろうか？　箸で食べられるほど柔らかなハンバーグの美味しさ、行けば必ず満腹になれるボリューム感、手頃な値段設定？　いや、やはりびっくりドンキーが持つ独特な世界観に起因していると考える。

まず外観からしておかしい。21世紀の日本ののどかな国道沿いに、あの童話の世界さながらのロッジ風店舗。店に入れば「何もそこまで！」と恐縮してしまうデカさのメニュー。大きくてジューシーなハンバーグとライス、サラダがひとつの皿にまとめて載っているディッシュ、さらに「メリーゴーランド」など、ファンタジーを冠するパフェ等々。「びっくり」（しかも「び」の濁点が感嘆符）といういかにも安くてデカ盛りの「男メシ」的な雰囲気を漂わす店名ながらも、その実は正反対。びっくりドンキーとはメルヘンの世界であり、どんな屈強な男たちもその世界に入れば強制的に幼子へと帰す魔法に掛けられてしまう異次元世界なのである。

店内を見てごらんなさい。筋骨隆々の3食中2食はカツ丼にラーメンをがっついているような屈強な男たちが、チューチュー「いちごミルク」をすすっている姿が見えないか。赤ら顔したおっちゃんが「ビールとイカの箱舟（イカの姿焼きをこう呼ぶ）」と、3人ぐらい沈めてそうなコワモテの兄さんが「あと、マーメイドサラダを追加で」と注文しているではないか。彼らが無意識のうちにメルヘンの世界に迷い込んでしまっているのも、この店が持つメルヘンチックな力ゆえ。それは一体どこから来ているのか。ちょっと調べてみると、こんな逸話が出てきた。

「びっくりドンキーになる以前の話。店の入口には7人の小人の人形を置いていたのですが、そのひとつが盗難にあってしまいました。店はいなくなった人形の前に「花を摘みに出かけました」という看板を出しました。さらにもう一体無くなってしまうと今度は「花を摘みに行った彼を探しに出かけました」という看板を並べました」

なんてメルヘンなのだろう！　ディズニーランドまで行かずともびっくりドンキーで十分じゃないか。なに、今の店名になる以前は「ドナルドダック」と名乗っていた時期があるのだ。八木山《やぎやま》ベニーランドぐらいのメルヘン力なら軽く上回れる。

しかし、このメルヘンバーグ屋はほとんどが郊外の国道沿いにしか存在しないため、都心部に住む上に車を持たない人間にとっては容易にたどり着けない難所となっている。電車に30分ほど乗り、駅からも国道まで徒歩、下手すればタクシー代まで掛かってしまう難所である。

ああ、ここまで書いていたら無性に「びくドン」が恋しくなってきた。一度こうなったら最後、びっくりドンキーに代替は利かない。それを食べたいと欲することは、あのハンバーグに掛けられたメルヘンを欲していることなのだから。

さて、この原稿も締め切りを大分過ぎてしまった。今しがた「編集長が怒って帰った」というメールが届いたので、ちょっとメルヘンを補充してきます。いやなに。ハンバーグを食べに行ったんじゃない。花を摘みに行ったのですよ。嫌だなァ。

【後日談】というわけで、２０１４年。単行本用としてこの原稿を書き直しているのだが、何がどうやら相変わらずさっぱり進まないまま〆切日から2週間過ぎた。今しがた編集者から「俺をクビにする気ですか？」というメルヘンの欠片もないメールが届く。消えたい。嫌だ。いい加減もう嫌だ。その上、先刻からロバのドンキーくんがちらちらと現れては私を誘ってくるメルヘンな状態だ。「原稿なんかぶっちぎって、メルヘンの世界へおいで！」ってさ。なので、ごめんなさい。今では会社の近くの東京ドームシティ内にもできたから、す

ぐに帰って来られるよ。サヨウナラ。

【文庫版おかわり】とはいえ、やはりびっくりドンキーはフードコート仕様だと世界観の半分も味わうことはできない。そりゃ、ハンバーグだけ食べたいのであればディッシュだけでも満足は行くだろう。だが、いくらハンバーグが美味しくても立ち食いそばを食べたように虚しい。おっさんだって求めるものはメルヘンだ。あのファンタジックな外観をくぐってから、扉形の巨大メニューを広げ、いっぱいに詰まった多種多様のメニューを選んでこその100%メルヘンだ。都心部に手を伸ばしたいのもわかるが、元々のコンセプトを崩さぬよう、大事にしてもらいたい。

DATA　株式会社アレフ（本社：北海道札幌市白石区）。1968年岩手県盛岡市で創業。全国334店舗（2016年3月現在）。チーズバーグディッシュ、フォンデュ風チーズバーグステーキ、びっくりフライドポテト、マーメイドサラダ、ルンバルンバ！など。価格は地域、店舗により異なる。

05

餃子の王将

デトロイト・メタル・餃子

大阪に住んでいる友人は「東京は食いモンが高い」とよくボヤく。そんなことチェーン店好きに言われても「へぇ」と生返事しかできないのであるが、彼女は「特に餃子が高い。ありえへんわ、東京」と決まって剝き出しの憎悪を重ねてくる。

東京愛などまるで持ち合わせていない僕ですら、その執拗さにさすがにカチンと来て「いやいや、餃子の王将はどこへ行っても210円だろう」と反論してみるのだが、彼女は「何を言うてんねん。王将は180円や。ありえへんわ、東京」と舌鋒に鋭さを増す。

その時に、はじめて知った。「餃子の王将」は、本場の関西と関東では値段が微妙に違うらしい。

たかだか30円の差と侮ってはいけない。それが、激安の代名詞である餃子の王将だからこそ「東京の物価は高い」という心象を抱かせる効果は絶大。くだらねぇと思いつつも、アームストロング船長然とした口調の関西人に「この30円は関西にとって偉大な30円である」なんて嘯《うそぶ》かれると、関東人は「ウムム……」と口をつぐむしか術が無いのである。ああ、恐ろしき哉《かな》、関西食文化。

しかし、本題はそんな小さな話じゃない。以前から疑問に思っていたこと。彼女は何故そんなにとんがるのか。いや、とんがるのは彼女だけじゃあない。何故だか知らないが、筆者の周囲にいる「王将」好きはどうにもとんがった人間だらけなのである。

「王将」に住まう客層の記憶を辿ってみる。酒と博打で自己破産したおじさん、40歳を過ぎても「当方完全プロ志向。Gt・Ba・Dr募集」な人徳のない音楽家、起業して億万長者を狙うも仕事が詐欺ギリギリなおにいやん、死にぞこないの苦学生、売れない役者や芸人、テレクラ通いの68歳未亡人等々……店舗や地域によって集まる人種に多少の違いはあれど、そこはボトルに並々と注がれた机上のラー油のように、いつもギラギラとした人種の坩堝《るつぼ》だった。

いつの世にも安くてボリュームがあり、気を遣わなくていい飲食店とくれば「本名：X」「Blood type：X」「職業：無」「住所：不定」という客は自然と増えるものだが、「王将」は他に類を見ない独特の殺伐とした緊張感が必要以上に漂っている。厨房を見よ。「イーガーコーテル」（餃子一人前）「ソーパイツァイ」（野菜炒め）などジャーマンメタルの歌詞が如き言葉が乱れ飛ぶ混沌。考えてもみてほしい。イェーガー（ドイツ語で猟師：Jäger）のコーテ（同塗装：Kothe）なんて、ドイツ語の意訳をすれば〝戦闘狩猟的皮包〟まさに、餃子だ。店内を見れば、愛想なく注文を聞きに来るバイトのチャイニーズガールと、昼間から奥のテーブル席でビールと餃子だけで何時間も居座るバンドマン。これが暮れの時期とも重なれば「ぎょうざ倶楽部」（会員証提示で毎回5％割引などの特典）の会員資格を得るために、血眼になってポイント稼ぎにくる悪魔的餃子崇拝客が増え、店内は1年で最も殺伐とした雰囲気を増す。

「王将」が持つこの尋常ではないソリッド感は何なのか？　ロック？　いや、違う。一品料理に溢れるパワーコードのように重厚な油、繰り返される餃子とビールのリフ。バスドラのように腹に来る重量感……これは、メタルだ。次から次へと来る客に、ヘドバンが如く「イラサイマセー」と頭を激しく振り乱す店員《メタルヘッド》が叫んでいる。

「王将」は「メタル餃子屋」なのだ！　と。

翻《ひるがえ》ってみればはじめて訪れた「王将」も、友達のメタルバンドを見に下北沢のライブハウスへ行った帰りだった。My First OHSHO。これがウタダなら最後のキスはニンニクのフレーバーでもしただろうが、その空間で目の当たりにしたものは、店の大半を占めるバンドマンたちの姿。赤・緑・黒とドリフターズ伝説の雷コント風に髪を染めた彼らの「ファックファック」という声（多分誇張された記憶）を背にしながら食べた餃子の味。さらに、あの「コップ」である。居酒屋や食堂でお馴染みの青文字で「ＡＳＡＨＩ」と書かれたグラスと似ているのだが、そこにあるのはまさかの「ＯＨＳＨＯ」の文字。しかも、そのロゴはメタルバンド「ＡＣ／ＤＣ」のオマージュ、いや、もうまんま、瓜二つなのである。わからない。餃子屋が何故「Ｓ」の字を稲妻仕様にデザインする必要性があるのか。３周回って考えてみても、王将にはメタルへの深い敬意にも似た何かしらの思想表示があるとしか思えない。ならばこの機会に長年の疑問を解決すべく、王将メタルマスターことお客様センターに問い合わせてみることにする。今ついに、餃子とメタルの蜜月関係が白日の下に！

——すみません。「王将」と「メタル」の関係性について知りたいのですが。

王将「……まったく関係ありません」

——ロゴの稲妻はＡＣ／ＤＣですね？

王将「ですから全然、関係ありません。ロゴの稲妻は社名変更時に〝上に行けるように〟とデザインしたものです」

——……ありがとうございました。

王将「いえいえ。どういたしまして」

……無念だが、関連性を決定づける証言は得られなかった。しかし、その安さ、ウマさ、ボリュームに、稲妻が如き衝撃を受けた「王将」という名のメタル。この先、どんなにメジャーになろうとも、今のとんがった音楽性を貫いてほしい。

【後日談】これを書いたのが2008年だったが、この直後に「餃子の王将」は「餃子の王将芸人」などテレビ番組の影響もあって大ブレイクを果たし、その後暫くは店の前に長蛇の列、全国で餃子1日130万個も出て、挙句社長が暗殺されるなんてわけのわからない事態に陥った。素人の一見に押し出される形となった元の「王将」ヘヴィユーザーたちは「メジャーに魂を売った」と憤り「王将」を去ると、餃子界のデスメタル「ぎょうざの満州」へと宗旨替えしたという。それが証に近頃のライブハウスでは「ウマい〜安い〜元気で〜3割ウ〜マ〜い！」という「満州」社歌が頻繁に聞こえてくるとかこないとか。

【文庫版おかわり】そして2016年3月。餃子の王将に10年間で200億円以上の使途不明金が発覚。そのうち170億円が特定の個人に流れて回収不能だという報道は、未解決の暗殺事件と相俟《あいま》って世間を震撼させた。餃子で換算すれば約1億皿の売り上げ分。その音楽性もメタルからヒップホップへ変わっていくのだろうか。

DATA　株式会社王将フードサービス（本社：京都市山科区）。1967年創業。全国707店舗（直営店473店、FC店：233店。2016年3月現在）。餃子（6個）北陸・東海・関西220円、北海道・東北・関東240円。カニ玉関西450円、関東480円など。価格は税抜き。

06

敗北者は芋を喰え

シェーキーズ

昔から人に「意地汚い」と罵られる。オギャーと生まれ落ちたその日から、執念深い貧乏性が情けないほど染みついているのか、特に食べ物に関しての意地汚さは自分でもヒクほどで、喰える時に喰っておかないといつどうなるかわからないという強迫観念がある。前世では間違いなく餓死したのだろう。思えば、最後に父親に殴られた記憶も、家族の焼肉で父が裏返す肉をかたっぱしから平らげたことが原因だった。

バイキング。それはこの世で最も恐れているもの。合法的に我が意地汚さを極限にまで引き上げてしまうパンドラの箱。抑圧された食欲の果てしない解放は、「元を取る」という大義名分の下に、人としての理性が露と消える。

それは30歳を超え、多少は金が自由に使えるようになった今でも変わることはない。目の前に大皿が並べられると、脊髄反射で指令が走る。

「高そうなものを取れるだけ取れ」

ああ。こんな私に誰がした。

まあなんとなく目星はついている。「シェーキーズ」だろう。

あの店は、青年期の筆者にバイキングのなんたるかを叩き込んでくれた。

＊　　　＊　　　＊

「シェーキーズ」のピザ食べ放題。そこをはじめて訪れたのは中学生の時だった。当時は確か６００円弱で時間制限ナシの食べ放題。これは金は無いが食欲だけは人の倍以上ある学生にはたまらないシチュエーション。当時、育ち盛りの上に部活に燃えたぎっていた我が食欲は、およそ人のものではなかった。そんな腹ペコガブッチョのような筆者に、好きなだけピザを食べろと。当然、狂った。『ハンニバル』に出てきた豚みたいに。

とはいえ、敵も然るもの。当時は今と違いバイキングは〝平日の昼時限定〟という巧妙な時間帯だったため、腹を空かせた中高生なんてゴミでも食べかねない生き物は限られた日しかそれにありつけなかった。

学生にとって唯一「シェーキーズ」のピザバイキングの門が開かれる期間。それが中間・期末のテスト休み。この時期になると店内は待ってましたとばかりに学生服が溢れ返ることとなり、弱肉強食が支配する店内は、さながらピザ版バトルロワイヤル。筆者のバイキング根性は、そこで培われたと言っていい。

カウンターに並べられしは焼き上がったばかりのピザ皿が４枚。そしてスパゲティにポテト……ぐらいが当時のラインナップだったと記憶する（今はこれにカレーやらサラダバー、ドリンクバーまで付いている店もあるとか）。ローテーションで次々に焼き上がってくるピザは種類こそ豊富にあるが、その分ピンキリ。メチャメチャ人気のピザもあれば、アンチョビの出来損ないみたいな得体のしれない干物が載ったハズレも少なくない。故に戦いは熾烈を極めた。

戦場には学校を代表するようなピザの猛者と呼べる奴が大体2〜3人はいて、彼らとの間には知らず知らずのうちに勝敗条件のような暗黙の了解が存在していた。端的に挙げればこの3箇条だ。

一、芋に手を出すヤツは負け犬
一、ジュースを飲むヤツも負け犬
一、人気のピザだけを食べるのが男

いかに安く、ウマいものだけで腹を満たすか。それが男の美意識だった。店にとっては迷惑極まりない話である。ジュースぐらい頼めよと言いたいのだが。

焼きたてのピザは、窯から出され、包丁でカット。「焼きあがりました」の声と同時にカウンターへ出される。そのコールで席を立つような素人は、まず人気のピザにはありつけない。食い荒らされた後の荒野で、芋でも食べているのがお似合いだ。

俺たちは違った。焼き上がるピザの種類から次に何が焼き上がるかを予測し、カウンターの奥にある窯を注視。これというピザが焼き上がったであろう瞬間に席を立つ。

時にはカウンターの横にへばりついて待機する卑怯な輩もいたが、それは恥として衆人の好奇の目に晒される。本物の戦士はピザの出方を計算して立ち上がる。それが誉《ほまれ》だった。カウンターを周回し、ポジションを確保。「焼き上がりました」の声で鬨《とき》の声を上げつつ、肩を入れながら最前列に入り込む。お目当てのピザでなければ撤退。運よく一番人気のピザの一番槍を得たとしても、獲るのは2枚程度。戦場にも礼節でありルールは存在していた。それを破ったものがどうなるか……筆者も駆け出しの頃、食べきれずにピザをタッパーに入れて持って帰り、それを翌日の弁当に持って行ってしまったことがあるのだが……そこから数週間、学校では問答無用で「ピザ」という仇名をつけられる辱めを受けた。あれは……地獄だった。

戦争を知らない僕らの世代において、食べ物を奪い合って食べる経験をした人間は少ない。故にあのテスト期間の昼時にピザ屋で起きた壮絶な弱肉強食の戦い。人気のピザが出た時の高揚感。略奪を連想させる壮絶なピザの奪い合い。そして戦いに敗れた負け犬たちが芋に群がる哀愁の姿は、後

の人間形成に少なからず影響を与えた。これから食糧危機の時代に突入することを考えれば、いい経験だったのかもしれない。だが、それと引き換えに性根に染み付いた「元を取る」の呪縛からは、いつになったら解き放たれるのだろうか。今でも、立食パーティーに出ると、一番に高そうな料理から取りに行ってしまうんだ。もちろん、ポジション取りからだ。悪夢のようさ。誰もいないんだ。皆、どこへ行ったんだ。あの戦場には大勢の友達がいた。ここには誰もいない。ああ、もしもやり直せるのなら、芋だけ食べて生きていける。そんな人間に……私はなりたい。

今この時も「シェーキーズ」はバイキングを続けている。しかし、あの時とは違う。今は毎日だ。かつて戦場だったその場所は、学生たちが奪い合いをするようなこともなく、ピースフルなピザレストランとなっている。でも、古参兵は見ればわかるさ。彼らは昔のクセで、芋を好まず、ジュースを頼まないからね。当然、嫌われ者だよ。

【文庫版おかわり】先日グランドメニューのピザを初めて食べた。美味しかった。

DATA　アールアンドケーフードサービス株式会社（本部：東京都世田谷区）。1989年設立。全国22店舗（2016年3月現在）。ランチバイキング930円、シニア720円、小学生600円、4歳～380円。ホリデーバイキング1280円、ディナーバイキング1540円。価格は渋谷宇田川店。

07

サイゼリヤ

バブル後のイタメシ屋、さもありなん

なんてことはない。
これがエスカルゴさ。
さあワインを飲もうじゃないか。
う うっス!!

かつてバブルの頃。イタリアンを「イタメシ」と呼んだ時代があった。

ワンレンボディコンを決め込んで、ハナキンはアッシーにジュリアナへ送らせ、メッシーにはイタメシを奢らせ、トレンディードラマは石田純一だった時代。

そんな極限的に浮ついた世間にあっても、熱狂の輪の中に入ろうとしない人間は一定数存在していて、イタメシなんぞは本気でチャーハンの類だと思い込んでいた律儀な人もいたという。その一方で、イタメシ以外に、フランス料理をフラメシ、タイ料理を鯛めし。オマーン料理をオマーンマ。トリニダード・トバゴハンなんて呼ぼうとするゲリラ的な運動も地下であったようだが、定着しなくて本当に良かったと思う。

……賭場ゴハンって、鉄火巻だろ。

80年代後半は、まだパスタという呼び名すら定着していない時代。〝イタリアン〟という言葉にも馴染みは無く、大半の日本人はなんとなくスパゲティやピザなんだろうなという朧《おぼろ》げな認識がある程度。それ以外に何があるのかを問うても、答えられる人はほとんどおらず、窮したオッサンが「そんなものより伝説の袋ラーメン〝マダムヤン〟の方が有り難い。マダムヤーン、マダムヤーン」と志村けんが如く朗々と歌い上げるのが昭和という時代である。

当時学生だった筆者にとって、バブル時代の〝イタリアン〟の思い出なんてものは、学校の近くにできた「ティラミス」という、いかにもなラブホテルの、いかにもなロゴ入りTシャツを、同じ学年のおてもやん似の女子が学校に着てきて大騒動になったことぐらいである。あれはショックだった。

そんな浮かれ知らずの俺らDJこと団塊ジュニアにとって〝イタメシ〟のイメージなんて所詮はその程度。我々が本当の意味で「素晴らしきイタリアンの世界」に触れることになるのは、それから少し待たなければならない。

緑のイタリア「サイゼリヤ」。イタリアの「ア」ではなくイタメシ屋の「ヤ」だ。

バブル崩壊直後の90年代前半。「ガスト」の出現によって、低価格路線、ドリンクバーの出現という大改革がもたらされていたファミレス革命期。高級料理っぽいイメージのあったイタリアンを、その二大要素の下に提供したのが、92年に商号を改めたばかりのサイゼリヤだった。

その豊富なメニューは、スパゲティとピザしか知らなかったニッポンの小市民に、イタリアンのいろはを叩き込んでくれたと言ってもいい。いわゆる〝イタメシ〟に登場するイカスミスパゲティも、プロシュートという生ハムも、モッツアレラなんてチーズも、噂に聞いていただけのエスカルゴやムール貝なんて珍味も、テレビで見たことはあっても、はじめて口にしたのはサイゼリヤだったという人間は多い。特に、バブル崩壊後に社会へ出た人間なんてほぼ全員ではないだろうか。

その店のおかげで、我々はファミレスでポテトフライを食べるが如くイタリアの珍味にありつける機会を持った。イカスミを食べて「お歯黒」なんてことをしなくなったし、エスカルゴを「でんでん虫」とも呼ばなくなった。サイゼリヤは我々に石田純一でなくともイタメシを食べることができると教えてくれ、同時にイタリアンを日本の一般的な食文化へと組み入れることに成功した。

何故そんなことができたのか。それを考えると、やはり値段設定に行きつく。サイゼリヤは一番高いものでワインの2160円であり、料理に至ってはすべて1000円以下。店にある100種類以上のメニューをすべて合計しても4万1772円（以上の金額は2014年4月現在。公式サイトより）という破格さである。これはデカい。1000円のエスカルゴは気安く頼めないが、300円台なら学生でも試してみようという気にもなる。この財布の余裕が日本人のイタリアン経験値を飛躍させ、現在の外食産業におけるイタリアン隆盛を呼んだと言ってもいい。

元々は本八幡（千葉県）の個人洋食店からはじまったサイゼリヤは50店舗を達成した92年あたりから、破竹の勢いで店舗数を伸ばし、01年には500店舗達成。進出当初は「パッとさいでりあ」の新興産業の方が有名だったが、2012年に1000店舗を達成した頃には（03年に新興産業が倒産したということもあるが）サイゼリヤに行って小林亜星の歌声を思い浮かべる者はいなくなっていた。

我々は感謝しなければならない。デートでイタリアンレストランへ行っても堂々としていられるのは誰のおかげだ？　大切なことはすべてサイゼリヤが教えてくれたのだ。ちなみにサイゼリヤのハウスワイン消費量は、イタリアンレストランでは日本一の規模なんだとか。イタリア中部のモリーゼ州の契約農家の畑で採れた葡萄を専用タンクで発酵・熟成させたそのワインを飲んで、どれだけの人間が伊達男を気取ったのかはしらないが、一方でサイゼリヤにドップリハマってしまって、これが本当のイタリアンだと思い込んで失敗したという被害も度々耳にする。あの299円という安さ故に、ライス代わりに「ミラノ風ドリア」を頼んでしまうイタリア人もびっくりのオーダー方式はあくまでもサイゼリヤ独自。後々デートで高級レストランに行ったとしても、そこに君の大好きなディアボラ風ハ

さあ
また
ワインを
飲もう
じゃないか。
うっ
うっス…

ンバーグは無く、玉ねぎいっぱいのタレをミラノ風ドリアにからめて食べることもできない。ドリンクバーも無い。逆に小林亜星は美食家だから、いるかもしれない。日本が世界に誇るイタリアン、サイゼリヤ。近年では中国・上海など世界約300店を出店し、海外戦略の成功を収めていると聞く。そりゃ、安くて美味いんだから流行るだろう。近い将来イタリア上陸を果たすのも夢ではない。

【文庫版おかわり】マック、すき家などの天下を取った大手チェーン店がポコポコ没落してく昨今、勢いを増してるのがサイゼリヤ。圧倒的なコストパフォーマンスで店内はどこも賑わい、ファミレス業界ではひとり勝ちという状況だとか。本八幡の1号店などは〝教育記念館〟として重要文化財さながらに保存されているそうだ。ちなみに銀座などの一部店舗では1本数千円する高級プレミアムワインを出す店もあるので、彼女を驚かせてあげよう。つまみはやっぱりミラノ風ドリアで、全部ぶち壊すんだけど。

DATA　株式会社サイゼリヤ（本社：埼玉県吉川市）。1973年設立。全国1026店舗、海外290店舗（2015年8月現在）。ミラノ風ドリア299円、野菜ソースのハンバーグ（ディアボラ風）499円、ペペロンチーノ299円、エスカルゴのオーブン焼き399円など。

08

かっぱ寿司

走れ、団塊寿司列車

「あんなところへ行ったら命がいくつあっても足りない」

子どもの頃、親からそんな教育を受けて育ってきた。

寿司屋のカウンターというさながらボッタクリバーの如く語られていたその場所は、危険地帯にして永遠の憧れ。お茶をアガリと、醤油をムラサキと呼ぶなど、寿司屋独自の言語を使用し、値段がいくらなんだかわからない中で注文を強いられるライアーゲーム。ライター駆け出しの頃に銀座の超高級店へ取材で行った時なぞ、撮影用に頼んだ寿司8カンで数万円を請求され、当然そんな金なぞ持っているわけもなく、食い逃げ扱いされたことはいい思い出だ。

そこは寿司に造詣のない小市民なぞは、決して敷居を跨いではならない、イキを理解したツウが集う場所。そんな聖域にも、齢《よわい》30を越え、仕事が軌道に乗って行くに従って、何度となく行けるようになってきた。その喜びは何物にも代えがたく、ハマチしか喰わないのに大将に「いいネタ入ってる?」なんて言ってみたり「オアイソ」なんて席を立つ自分にうっとり。「回転寿司なんて寿司じゃねぇよ」と言い放つ大将に相槌を打っては、ああ、寿司屋っていいなぁ。日本万歳と思うのだった。

「かっぱ寿司が凄いことになっている」

つい最近、そんな話を聞いた。回転寿司チェーンの老舗「かっぱ寿司」。小学生の頃、近所にオープンした同店に「ハンバーグ寿司がある」という噂を聞き、「食べたい」とダダをこねた思い出がある。小学生とはいえ、なんて無粋。寿司でハンバーグって、どこまでハンバーグに釣られる人生を歩めば気が済むのか。

実家の近所にオープンした「かっぱ寿司」は、ハンバーグ寿司など目新しいメニューで開店当初はいつも家族連れで賑わっていたが、しばらくすると、イキでいなせな江戸っ子気取りな家主あたりが「かっぱ巻きしか喰うものがねぇ」なんて言いながら徐々に店から離れて行き、子供たちも大人になる頃にはその存在をすっかり忘れてしまっていた。

その「かっぱ寿司」が、凄い人気になっているという話を聞いた。土日ともなれば店の前に車の大行列ができ、「かっぱ渋滞」という現象が起きているそうだ。筆者が最後にハンバーグ寿司を食べてから、20年以上の時間が経っている。一体、「かっぱ」に何が起きているというのだ。

綿密な調査をするため、混雑する時間帯を避けてファミリー層がいない平日の昼間に店へと行ってみた。それでも店内は8割方が埋まっている。客層は中年サラリーマンや、一人客が中心。「かっぱなんて〜」と言いだしそうな層ではあるが、これも時代か。次から次へと客がやってくる。メニューを見れば、寿司一皿がランチタイムで90円に値下がりしていた。おぉ、これは安い。

席に座ると職人がいない。全員バックヤードに入っているようで店員が「注文は夕ッチパネルで」と言う。どうやら寿司職人との「イワシちょうだい」「お客さん今日はサンマがいいよ」なんて寿司屋コール＆レスポンスは一切排除されたようだ。タッチパネルでメニューを検索してみる。マグロ、コハダにタイやヒラメの舞い踊りなど、寿司屋という竜宮城のベテランキャストたちに交じって、コーン、トントロ、ハンバーグ、チャーシューカルパッチョなんて若さと目新しさだけがウリのキャピキャピな踊り子たちの姿……凄まじい。少年時代に見たラインナップより厚みを増しているようで、姐さんたちの嫉妬する姿が目に浮かぶ。さらにはたこ焼き、プリンア・ラ・モード……あ、あばずれにもほどがある。もはや、何が流れてこようと、かっぱの川流れとて不思議じゃない。

ひと息ついて、平静を取り戻すと、眼前を新幹線が通過した。WHY？　見れば屋根にチャーシューとたこ焼きが乗っている。卒倒した。これは現実か。寿司＋新幹線という、日本文化を曲解したハリウッド映画のようなシュールな光景。しかも、あんな若い娘らが新幹線通勤って、ふつうの鈍行ベルトで通勤している姐さん方が知ったらタダじゃやすみませんよ……。しかし、このネタのラインナップといい、鉄道好きの子どもを狙い撃ちにして、家族ごと引き込もうという作戦か。なるほど……。などと考えていたら、新幹線は初老のサラリーマンの前に停車。満面の笑みで寿司を取る水野晴郎似のオッサン。

「だ、団塊ッ！」

盲点だった。新幹線は団塊世代の象徴。子供ばかりか、おじいちゃん世代まで引き込んでしまう悪魔の計算式だ。エグイ。

冷静になりタッチパネルで寿司を注文してみる。マグロなどの定番から、海老天などの変化球、サーモンチーズというビーンボールまでを選択し到着を待つ。

目の前のランプが光る。彼方から新幹線が轟音と共にやってきた。ドキドキは尋常ではない。日本の鉄道工学の集大成であり空気抵抗など流体力学の粋を集め開発された美しい流線型のフォルムと、それらをすべて粉微塵にぶっ壊す屋根に置かれた寿司皿が目の前に止まる。寿司の受け取り確認ボタンを押す。再び新幹線は彼方へと走り去っていった。

「た、楽しい……」。かっぱ寿司を寿司屋と対比してはいけない。これは、総合フードエンタメなのだ。店内を見渡せば、同じように新幹線から寿司を取ってニヤニヤするおっさん客の姿があちこちにある。ああ。楽しかった。店を出ると、ひと言もしゃべらなかったことに気がついた。大将、日本はどこへ行くんでしょうか。

【後日談】その後も躍進を果たしたかっぱ寿司だったが、2013年には営業利益を激減させ50店舗の閉鎖を発表。その理由のひとつが、新幹線レーンへの注文が集中しすぎて起こる「渋滞」だとか。そのうち新幹線の特別ダイヤが設けられる日も近そうなかっぱ寿司。益々寿司屋離れしていく。

【文庫版おかわり】家族持ちとなった今、この手の寿司屋がムチャクチャ有り難く週一で世話になっている。先日、ネット予約をしていない飛び込みのオッサンが2時間待ちと言われ「ふざけんな！　こんな店で2時間も待ってられるか！」と怒鳴って出ていった。よくわかる。よくわかるよオッサン。でもそういう時代なんだよ。

DATA　カッパ・クリエイト株式会社（本社：神奈川県横浜市）。1973年創業。全国34都府県に339店舗（2015年1月現在）。握り、巻物などは一律108円。きつねうどん、えび天うどん288円、チョコとホイップで食べるフライドポテト216円、おこさまセット380円など。

09

神奈川県民の誇り ハングリータイガー

る。午後10時40分。俺は第三京浜を抜け、横浜新道を湘南方面へ向かって車を走らせる。左手を見上げると断崖に飢えた虎が2匹。「ああ、俺は故郷へ帰ってきた」。ヤツらの出迎えに、そんなことを実感する瞬間だ。

断崖絶壁に聳《そび》え立つ2匹の虎。それは〝神奈川県民の誇り〟「ハングリータイガー」本店の所在を示すしるし。

「ハングリータイガー」。神奈川県民がその名を聞けば、猛る。滾《たぎ》る。迸《ほとばし》る。ステーキとハンバーグのレストランとして1969年に横浜にオープン。高い天井、〝レア〟の美味しさを教えてくれた100％ビーフのハンバーグ。店の前面に威風堂々と佇むチャコールブロイラーの800℃の炎で焼き上げられるステーキたち。そして、目の前に運ばれた320℃の鉄板に横たわるハンバーグが、ステーキソースをぶっ掛けられてジョワワと肉汁を迸らせるその姿！　そのサウンド！

はじめてハングリータイガーを体験した80年代中頃。飛び散るソースを広げたナプキンで受けながら、すげーすげーと狂喜していた田舎の小学生であった筆者は、「こんなステーキを出すアメリカに日本が勝てるわけがない」と後々まで残る衝撃を受けた記憶がある。

貧乏平民に圧倒的な肉のウマさを見せ付けてくれたその店には、いつも人だかりができていた。外食をすると親が言えば、コンマ2秒で「ハングリー！」と我ら兄妹はねだっていたのだが、通常のファミレスに比べれば高めの値段設定のため、そこへ行き着けるのは3ヵ月に1回程度。なのに店はいつも人が溢れ、行列が途絶えない印象があるほど繁盛していた。気がつけば隣町にも店ができ、幼心にも「この店はいずれ世界を席捲する」と確信していたのだ。そう、あの頃までは……。

今、データで振り返ってみる。

「ハングリータイガー」の最盛期は90年代前半。最高で30店舗以上を展開しているが、その店舗のほとんどは横浜を中心とした神奈川県。聞いた話によると、地域密着を大切にし、神奈川県外への出店は極力控えていたそうだ。そんな逸話にただでさえ地元大好き神奈川県民の地元愛は８００℃の炎でメラメラと燃え盛り、いつしか「ハングリー・愛」へと変わる。

人気に陰りが見えてきたのは90年代の後半。バブルが弾け、景気が悪くなると、飲食業界は「ガスト」に代表される「格安」が売りの店が主流となっていく。さらに追い討ちを掛けるようにＯ－１５７問題、ＢＳＥ問題と続けざまにアクシデントが重なり、01年に、ついに他社へ売却。一般家庭が外食を減らしていたその時期に、ハングリータイガーはベンガル虎並みにその数を次々と減らして行く。筆者の思い出の地でもある１３４号線沿いの茅ケ崎店も閉店。「ガスト」に変わるなど、あわや絶滅寸前にまで追い込まれ、07年現在、横浜市内に4軒を残すのみになってしまった……。しかし、ほとんどの人は事の深刻さに気づいていなかったように思う。それが各家庭が外食を極力減らしていたどん底の不況からようやく立ち直りつつある今、神奈川県民の多くがやっと気がつき始めたのだ。「あれ？？？　なんでハングリータイガーが無くなっているの？」と。

倒産したわけではない。それはわかっている。なぜなら多くの神奈川県民が通る横浜新道の下り線、左手の崖の上には今も本店の象徴とも言うべき、飢えた虎の看板が威風堂々と聳え立っているからだ。

だが、自分たちの町にあったハングリータイガーはその姿を消している。「いざ、ステーキ」と勇んだとしても、代わりにあるのは安さが売りの埼玉発ステーキチェーン店だったりするから、煮え切らない思いはさらに増大してしまう。

２００６年。横浜駅の相鉄ジョイナスのハングリータイガーが閉店したという話を聞いた。このままでは絶滅も時間の問題ではないか。

「ハングリータイガーが食べたい」。切実に願った。初めて崖の上の総本山、保土ヶ谷の本店へ行くことを決意した。最後に食べたのが〝食べれば君もブラッグス〟のコピーでお馴染み「ブラッグスハンバーグ」を出していた96年頃だから、約10年ぶりの「ハングリー」であろうか。

だが、この本店。電車で行くには至難の旅である。相鉄線・星川駅から徒歩30分の行程は、呂布《りょふ》が守る虎牢関を破るが如き難所である。それを、どうにかやっつけてたどり着いた虎の穴、午後6時。

そこには、平日にもかかわらず、十数人もの腹を空かせた虎たちが、店に入るための待ち時間をそれぞれに過ごしていた。その姿を見ることができただけで十分だった。この本店へ来る前に、実はもう本当にダメなんじゃないかとさえ思っていたのに、この光景だ。子供の頃に見た人が溢れ、活気に満ちていたハングリーの勇姿。それが今も変わらずこの場所にあったこと。こんなに多くの人たちが、何時間も並んで待っている。こんなに多くの人たちが、ハングリータイガーを愛している。こんなに嬉しいことは無い。そこで食べた味が子供の頃の味と同じだったかは、時間が

経ちすぎてもはやわからない。だけど、これだけは確実にいえる。こんなに美味しいステーキ店は、世界中のどこを探したってありはしない。

「ハングリータイガー」は神奈川県民の誇りだ。だから、どんな窮地に追い込まれようともこの先も無くなることはない。崖の上の虎はこの先もずっとそこにあり続けるのだろう。それが我らの望みでもあるのだから。

【文庫版おかわり】一時は絶滅寸前の危機まで追い込まれたハングリータイガーも、現在は10店舗まで復活。姉妹店のタイガーBBQなんて店もできた。あれだけのいい仕事をするレストランがなくなるわけがない。嬉しくてしょうがないのだが、ひとつ気になることが。それ以外は全部神奈川なのに、1店だけ名古屋に出店している。谷繁をFAでドラゴンズに持っていかれた時のような複雑な感情。ナゴヤの皆さん、谷繁と波留佐伯デニーとハングリーをどうか宜しくお願い致します！

DATA　株式会社ハングリータイガー（本部：神奈川県横浜市）。1969年設立。神奈川県内に9店舗（姉妹店含む）、愛知県に1店舗（2016年3月現在）。オリジナルハンバーグステーキレギュラーセット（パン又はライス、飲み物付き）1690円、サーロインセレクト300gレギュラーセット4890円など。

10

宮廷のおもてなし
ロイヤルホスト

ロイヤル——それは皇帝の響き。

ロイヤル。それは選ばれし者だけに与えられる王家の称号。その名を冠するだけ

で、ミルクティーはよりミルキーに、ユンケル黄帝液は1200円ほど値上がりし、

ヤンキーはクラウンロイヤルサルーンを購入するために10年のローン地獄にも耐える

幸福を得る。

ロイヤル。それは問答無用で庶民に憧れの念を抱かせる尊ぶべき存在。そんな恐れ多くもエグゼクティブな名を冠する店がある。しかも庶民の憩いの場であるファミレスに、だ。

「ロイヤルホスト」。自らを〝宮廷のもてなし役〟と名乗るそのレストランを取り巻く要素は、いちいちロイヤルだ。ロイヤル過ぎてしまい、己《おのれ》が如き一般庶民は入店前に思わず肩に力が入り過ぎてしまうものだ。

誰が言ったか「ファミレス御三家」。細胞分裂を繰り返し和洋中に低価格路線とニーズにドンピシャの店を用意する「すかいらーく」。江口寿史がメニューの絵を描いたり、なんだかオシャレな「デニーズ」。そして、高い割に……いや、価格も味もロイヤルな価値観を持つ我らが「ロイヤルホスト」である。

この店の「ロイヤルさ」とは何なのか。挙げていけば枚挙に暇《いとま》が無い。

まず何が凄いって、レジ周辺に店長とシェフの顔写真があるのだ！　凄い！　鶯谷

の定食屋で指名手配犯の貼り紙を見るのとはわけが違う。しかも支払いはカードも使えたりと、レジ周りだけでも随分なロイヤルを実感できる。

　席に案内してくれるウェイトレスの佇まいもなんだか上品だ。そういえば「北の国から」で横山めぐみ演じるれいちゃんが働いていたのも「ロイホ」であった。大人の壁を越えさせたタマ子（裕木奈江）のピザ屋と比べても、納得のバイト先だ。

　そしてメニューに目を通せば肉。「ロイホ」といえば肉！　というぐらい肉肉しいイメージがあるが、やはりステーキ・ハンバーグはひと際大きな扱いを受けており他のファミレスと比べても威圧感を感じずにはいられない。サブメニューで光り輝くのが、オニオングラタンスープだ。ファミレス界に存在するオニグラとしては間違いなくNO．1であろう珠玉の一杯は、かのマリリンモンローがジョー・ディマジオと新婚旅行で来日したときに3日連続食べたというロイヤルすぎる逸話を持つ中毒スープ。このオニグラのウマさだけは、マリリンが好もうが、ゴブリンが憎もうが、揺るぎない本物である。さらにドリンクの「トロピカルアイスティ」、それと「コスモドリア」あたりがロイホ自慢の三大メニューか。

　施設環境面を見てみよう。「ロイホ」は他のファミレスと比べ、都心のド真ん中にあっても、駐車場を完備している率が高い。この辺りからも想定来客に車持ちということを意識していることがわかる。

そうなれば当然、客層は「ガスト」や「サイゼリヤ」など、低価格路線ファミレスにありがちな、ドリンクバーで5時間粘るうえに喧《やかま》しい学生連中や、世界が焼け落ちても隣の家のゴシップを続けるような主婦たちも自然と除外される。なので例外もあるが客層は分別がある大人が中心となり、店内は静かで落ち着いたロイヤル空間となる。クリエイターにロイホで思索を練る人が多いそうだが、つまりはそういう理由だろうと思う。

故に御三家の中では最も業績は悪く、出店数も多くないのだが、その分ロイホでなければダメという熱狂的なファンを持っているのも特徴。一方でこの店の持つ「ロイヤル」という雰囲気の魔法に掛けられた己が如き貧乏人は、多少値段が高かろうが、ちょっとこれどうなのよ？　と思うことがあろうが、アレだろうが、やけに諦めが良くなってしまう傾向がある。悲しい哉「ファミレスなのにおしぼりが出ない！」と憤慨してみても、「アレ？　中世のフランス王侯貴族が風呂に入らなかったように、ロイヤル感覚ではおしぼりを使うことが下賤な行為なのかも……」と、弱腰になってしまっているではないか。

「そんな堅苦しく思うんだったら行かなきゃいいじゃない」と思うかもしれない。だが、人間はそんな単純なものじゃない。毎日しみったれ生活を送っていると、人生に深刻な「ロイヤル不足」を来たす。

どんな人生にも少しぐらいのロイヤル成分は必要である。例えるなら家でも外でもステテコ姿の専業主婦だって、ロイヤルな空気に触れればスカートぐらいは穿くのである。それはロイヤルというものに、弛緩した人生に張りをもたらす効果があることの証左なのである。

そういう意味では、気楽に行けて何でも揃うファミレスに〝ロイヤル〟という新機軸を作った功績は大きい。まぁ、毎日行きたいとは思わないが、なくては困る存在であることは間違いない。

【後日談】ところがどっこい。この2〜3年の間に一部で「高い割にビミョー」と口さがなかったあの「ロイホ」が大躍進を果たし、経済紙やテレビ番組に頻繁に取り上げられている。その理由は3年前に現社長

が就任した後、これまでのメニューやサービスを根本から改革し、クレームの要因を徹底的に潰して、本物のホテルレストラン並みのクオリティとサービスを確立したからだ。低価格ファミレスとの差別化が強みとなって、人気の要因になっているという（公式発表を元に作成）。確かに、この頃のロイホは違う。つい最近も行ってみたのだが、ヴェリーニ社のパスタやら、黒毛和牛×黒豚のハンバーグやら、何やら本気でメニューに力を入れている風である。ウマいし。でもなぜだろう。エセ貴族が本物の王様になってしまったような一抹の寂しさは否めない。

【文庫版おかわり】徹底したホスピタリティでお客様をお迎えするロイヤルホストが成立するのも日本ならでは。飲食業界の国内需要はもはや限界となり、サイゼリヤなどが海外出店を続々成功させていく昨今、ロイヤルホストも２０１０年に日本と同じオペレーションで中国大陸へ進出するも、わずか４年で撤退。従業員が定着しなかったことが敗因と言われているが、別の理由があるような気がしてならない。

ＤＡＴＡ　ロイヤルホスト株式会社（本社：東京都世田谷区）。２００７年設立。71年ロイヤルホスト１号店オープン。全国２２５店舗以上（２０１６年２月現在）。黒×黒ハンバーグ１２７４円、ロイヤルのオニオングラタンスープ４８６円。メニューや価格は店舗によって異なる場合あり。

11

地球人民の最終受け入れ地

マクドナルド

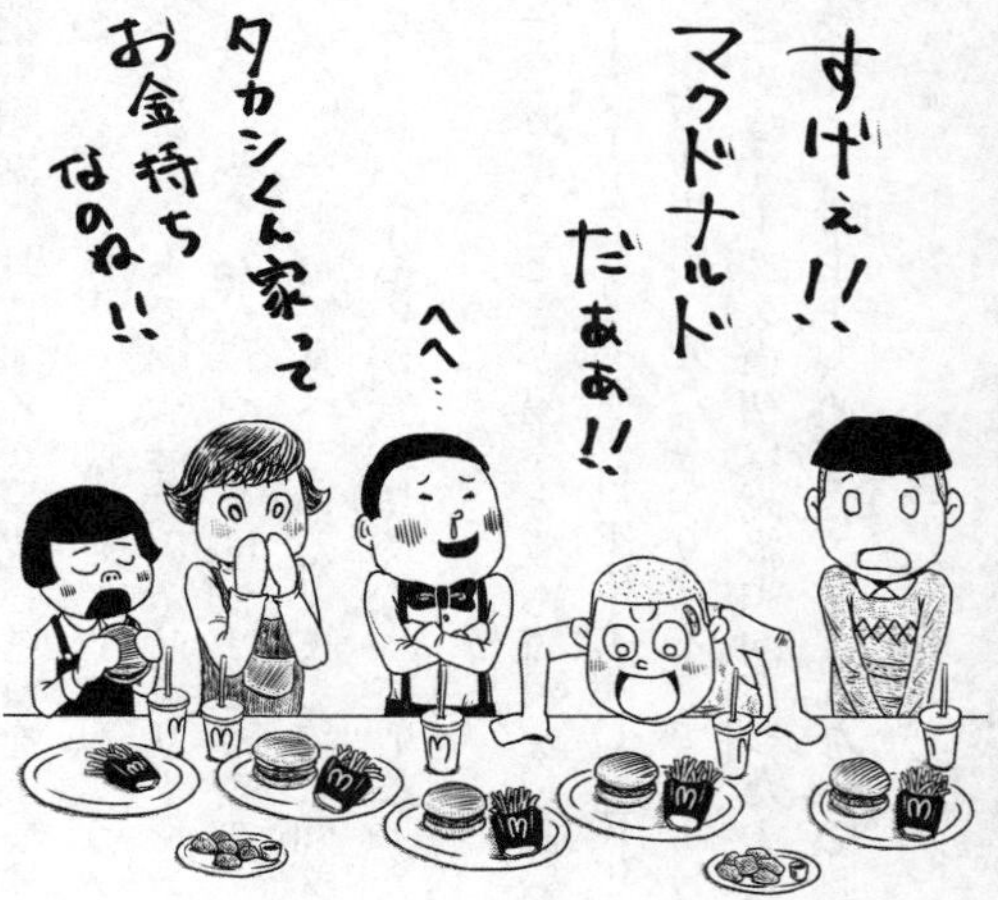

すげぇ!!
マクドナルドだぁぁ!!
へへ…
タカシくん家ってお金持ちなのね!!

右を向いても左を見ても、不景気不景気と嘆く人ばかり。限りなく暗い将来には何の希望も持てず、仕事への意欲も、食欲も性欲もなくした僕らが行き着く先は一体どこなのか。

答えは多分、「マクドナルド」のような気がする。

近頃は「マック難民」なんて言葉も頻繁に耳にするが、先日それを実感する出来事があった。金曜日の夜に家の近所のマクドナルドへ行くと、フロアは人が入りきれないほどの大盛況。話し込んでいる学生風、1人で夕飯を食べるサラリーマンやＯＬ。なかには40代、50代の姿もちらほらで、多くの人がやっと見つけた席でスマホを弄《いじ》りながら小さくなって「１００円マック」を無言で食べていた。まるで人間ブロイラーのようなその光景を見て、随分といろいろなものが安っぽくなってしまったのだなぁという寂しさを覚えたものだ。

筆者が子供の頃のマクドナルドは、ガキごときが易々と立ち寄れない高級食のイメージがあった。その頃は、ハンバーガーという黒船が日本に上陸して10年やそこら（ちなみにマックより「ドムドム」の方が出店が先だったりする）で、1号店の出店を銀座にこだわったというぐらいだからオープン当初は高級志向だったのだろう。ご馳走……とまでは言わないが、少なくとも背中を丸めて食べるような今の陰気さはまるで感じなかった。

キャラクターのドナルド（あれ、本名はロナルド・マクドナルドと言うようです）も、筆者の子供時代は陽気で愉快なアイドルで、金持ちの友だちがマックでやる誕生会なんかに現れて一緒に写真を撮っていた記憶があるのだが、最近じゃ薄気味悪いと噂され、インターネットの動画サイトには「気狂いピエロ」さながら奇行を繰り返す氏の姿が競ってＵＰされる始末。まぁ、誰もが薄々とは気づいていたことではあるのだが。

あれから30年以上の時が経ち、当時の輝いていたマクドナルドの雄姿は随分と色あせたように思える。その原因として考えられるのは、ジャンクフードの名の下に積み上げられたオドロオドロシイ都市伝説的な逸話の数々か。小学生の時にはレジで「ミミズ使っているんですか？」と聞けば口止め料で1万円もらえるという噂がまことしやかに流れた。20歳ぐらいの時にブームになった「買ってはいけない」（週刊金曜日編著）では、ハンバーガーを1つ食べると南米の森が数ヘクタール消えると書いてあった。数年前にはマックを1ヵ月間3食食べ続けるという映画「スーパーサイズミー」なんてのもあったなぁ。１日５０００キロカロリー摂れば太らない方がおかしいのだが。

とかく、我ら小市民は大資本に対して手厳しい。

マクドナルドは叩かれる。「マズイ！」「体に悪い！」なんて飲食店らしい叩かれ方ならまだいい。しかし、マックの場合、背後にアメリカの資本主義社会みたいな政治的な要素も重ねられてしまうからタチが悪い。社会主義国にマックができたらニュースになり、アメリカへの抗議活動として中東でマクドナルドが襲われたこともあった。ただのハンバーガー屋としてはあまりにも肥大しすぎてしまっているではないか。

これだけ言われりゃ悪いイメージも定着するのは当たり前。マクドナルド側もデフレ時代には80円バーガーを発売して激安外食の礎となったし、健康に悪いと言われりゃ、カロリー表示をして、サラダメニューなんてのも作った。しかしその反面で、値下げしすぎてブランドイメージを失うわ、日本マクドナルドの祖・藤田田氏が表舞台から退場するわ、メガマックを発売して「メタボメタボ」とわめく国民の格好の餌食になるわ、結構可哀そうなことになってしまっている。

何故だろう。まるで巨大な宇宙人がよかれと思ってやっていることに対して人々が「キケンだわ」「殺される」と逃げ惑っているような気さえしてくる。

ご覧なさい。この不景気の折に24時間営業を開始する間の悪さ。加えて利益の出ない100円マックシリーズまで充実させりゃ「ここは難民受け入れ施設ですよ」と言ってるようなもの。これは慈善事業か空気が読めないかのどちらかとしか考えようがないのだが、これだけ行き場の無い人たちの受け皿となっても、目にするものはマクドナルドが悪の手先だという印象を与える論調がほとんど。

確かに反感を覚えるところも多々ある。特にひと駅に3つも4つも出店する無節操ぶりには腹が立った。大量入荷の安価提供の店が同地区に大量出店すりゃ個人経営店は虫の息だ。そのお陰でどの町も同じような風景しか見えなくなった。これはマックだけじゃなく飲食店と町全体の問題である。どうにかしなければいつか滅びるだろう。

なんて批判的なことも書いてみたが、実はこの原稿も今マクドナルドで書いているのだから説得力なんてありゃしない。時刻は午前4時少し前。向かいの席では60近いダメそうなオヤジが2時間ほど前からいびきをかいて寝ている。コーヒー一杯しか頼まないあんなオヤジも、こんなくだらん原稿を書いている筆者も、ニヤニヤしながら「スマイルください」とお姉さんに迫るウザい学生なんかも、許してくれる懐の深さ。ああ、これこそがマクドナルドなのだ

となる一方、もうちょいファストフードの王者らしく堂々としてりゃいいのにとも思う。

【後日談】その後も「マック」は、試練が続く。２０１４年に消費期限切れチキンの使用問題や、プラスチックやネジやら歯やらが連日あがった異物混入問題などで求心力は低下し、業績悪化が止まらなくなってしまった。起死回生を図ったマックは、レジのメニュー表を出したりひっこめたり、24時間営業を止めて、コーヒーお代わりも禁止にしたり、60秒提供キャンペーンを張ってみたり、ランチメニューを作ったり、デリバリーサービスをはじめたりと迷走を続けている。……大丈夫だろうか？

【文庫版おかわり】深刻な業績不振が続き14年は２１８億円、15年は３４７億円の赤字を出したマック。全国約１３０の不採算店の大量閉店に踏み切り、近所のマックも２軒ほど消えた。すごい時代である。一方期間限定で発売されたグランドビッグマックは久しぶりに子供心に戻ってときめいた。そうだ。キホンはおいしい笑顔だ。

DATA　日本マクドナルドホールディングス株式会社（本社：東京都新宿区）。１９７１年設立。世界１１９ヵ国に展開、国内約３０６５店舗（２０１５年４月現在）。ハンバーガー１００円、エッグチーズバーガー２００円、ビッグマック３７０円など。一部店舗では価格が異なる。

12

すき家

2008年の大政奉還

瞬《まばた》きひとつで、時代は変わる。

科学の進歩は日進月歩で、世界情勢は目まぐるしく移り変わる。そしてこの島国の飲食チェーン店事情も、この10年の間を見ても大きく様変わりしたと言っていい。中でも顕著だったのが牛丼界である。かつて牛丼といえば冒頭でも取り上げた「吉野家」が絶対的な主役であったが、牛丼界の勢力図もこの数年の間に大きく変わることとなった。

祇園精舎の鐘の声、諸行無常の響きあり。牛丼一筋300年、早いの美味いの安いの。竜宮城から帰った浦島が4年越しに見た未来。町の辻に灯るはオレンジの看板ではなく、深紅に染まる〝牛丼・カレー〟の文字。彼こそが、牛丼界の赤い丑《うし》。〝レッド・de・ハッスル〟「すき家」だった。

急成長。その言葉通り、「すき家」は、ここ数年の間に、物凄いスピードで店舗数を伸ばし、日本国中、どこへ行こうとも、あの深紅の看板が聳《そび》え立つ景色が当たり前となった。

思い起こせば今から15年ほど昔、筆者がこの店でバイトをしていた頃には、牛丼チェーンでは「吉野家」「松屋」に次ぐ三番手。今じゃすき家の定番となっている〝トッピング牛丼〟もキムチぐらいしかなく、横浜地方のバタ臭い小大名の如き扱い。街道沿いの店舗には大きな駐車場があり、テーブル席まで用意されていた風景も当時は

「ナンセンス！　家族で喜んで牛丼を食べに行くなぞ明治時代か！」とバカにされていたものだが……いやはや時代が変われば常識が変わる。

今となっちゃあTVCMをおっぱじめ、そこに出てくる竜雷太やら加藤浩次やらともさかりえなんて芸能人扮する〝牛丼家族〟が「私はチーズ牛丼」「パパはメガ牛丼！」なんて我先にと荒ぶる姿が、日常的に流れてくる。元バイトとしても実に感慨深いことだ。

すき家の驚異的な発展はその時代の先見性故だろう。外食不況時代に格安の牛丼をファミリー層に向けた功績。三種のチーズ牛丼にネギ玉牛丼、最新作きのこペペロンチーノ牛丼なんて多種多様なトッピング。カレーや、ひつまぶしならぬ牛まぶしなんて牛丼以外のメニューも充実。これに加えデカ盛りブームの先駆けとなった「メガ牛丼」から、ミニ牛丼。肉が6倍量の「キング牛丼」なんて裏メニューまである選択肢の幅であり、コストパフォーマンスの良さは、ファミリーレストランをも上回る、21世紀型新幸せ家族の理想的外食産業へと至らしめたのではないか。

故にこれまで「牛丼屋ってのはな、もっと殺伐としているべきなんだよ」なんてのたまっていた筆者が如き〝独身男の牛丼＝ブコウスキーの酒〟ぐらいに履き違えていた輩なぞは、気がつけば「パパはメガ牛丼！」なんて言ってる加藤浩次をTVで見ながら、持ち帰り牛丼を一人で食べる我が身に血の涙を流したりしている。

そう。かつて牛丼屋は孤独な男が心を許して落ち着ける吹き溜まりだった。中島みゆきの名曲『狼になりたい』、故・団鬼六氏のエッセイ「牛丼屋にて」などに見られるやり切れない寂しさを抱えた男たちが屯《たむろ》する情景は、もはや今のビールの本数制限が為された牛丼屋にはない。それが時代といえばそれまでなのかもしれないが、牛丼は未だに独身男子のソウルフードという側面を強く持ち合わせている以上、いかにファミリー層を取り込んだとはいえ、彼奴《きやつ》らを取り込めない限り「吉野家」を飲み込むほどの政権交代は為し得ないのである。

では決定的な流れを作ったのは何か？　それを考えた時、大政奉還ともいえるトピックが２００８年に起きていることに気がつく。すき家が吉野家を店舗数で逆転した08年9月と同時期、8月28日の政変とも呼ばれる（わけないが）同日から始まったすき家と系列の「なか卯」による牛丼の象徴・キン肉マンとのコラボキャンペーンだった。

事の経緯によるとキン肉マンの29周年を記念して行われたこのコラボは、当初吉野家に話が持って行かれたが話がまとまらず、その後にすき家が手を挙げたという。いや、経済的観点で考えれば屁の突っぱりにもならん瑣末なことかもしれないが、牛丼の精神性を考えた時、この事件で錦の御旗は確実にすき家に靡《なび》いた。しかもその後「あの牛丼はなか卯がモデル」と作者のYたまご氏が発言したことで今では定説となっている。明らかに吉野家っぽかったと思うのだが……。

そんなこんなで、あらゆる層のニーズを取り込み天下人となったすき家。しかし、この頃は困ったことに、強盗までが頻繁に来店しているというニュースが聞こえてくる。犯人の声を聞いてみると、「すき家は強盗しやすいから闇金業者にやれと言われました」なんて供述が出るぐらい、ちょっとしたブームになってしまっている。まぁ、確かにバイトしていた時を考えれば、店員は少ないし、食券機ではなく現金レジのため強盗に入りやすいような気もしなくはない。

この難局に対しすき家もやっと防犯対策に本腰を入れ始めたようだが、しかし一杯280円の店を強盗って……世の中は本当に不景気になっちまったようだ。

そんなことを考えると将来が物凄い不安

ご注文お決まりでしょうか？
あ…じゃ…じゃあお金ください。

になってしまう。ただ10年後、どんなオッサンになっていようともすき家には世話になっていることは間違い無い。その時、店員を前に何て言葉を発するのだろうか。せめて「パパはメガだ」と笑えているように……頑張ろう。

【文庫版おかわり】すき家の深夜店員一人体制、通称〝ワンオペ〟に代表される深刻な人員不足は、強盗問題だけでなく様々な問題を引き起こした。2014年には「パワーアップ工事中」と銘打ち、強制的に一時閉店した店舗が続出。深夜営業も中止するなど対応に追われた。また5月29日には労働環境に不満を持つ現役アルバイト店員たちが、ツイッターでストライキを呼び掛ける事態に発展（公式には決行はなかったらしい）。そういえば会社に一番近いすき家の前にもパトカーが停まり、非常線が張られていた。今その店は閉店している。筆者は結婚して子持ちになった。牛丼家族、離散したままじゃ縁起悪すぎるだろ！　もう一度頑張れよ！

DATA　株式会社すき家本部（本社：東京都港区）。1982年創業。全国に1971店舗（2016年2月現在）で、牛丼チェーンとしては店舗数1位。牛丼（並盛）350円、大盛470円、メガ730円。牛あいがけカレー630円、まぐろ丼590円、とん汁鮭納豆定食690円など。

13

ロストジェネレーション
再びアメリカザリガニを食べる

レッドロブスター

先日、取材で岸部シロー氏にお会いする機会があった。インタビューの場所をどうしましょうか？　となると、氏は「レッドロブスターでも……いいですかね？」と、あのひょうひょうとした口調で自ら指定をしてきた。

瞬時に脳内で「岸部シロー＝沙悟浄＝シーフード好き」の方程式が構築されると、全力でほっぺたをつねらなければならないほどの巨大な笑いの波に襲われた。しかも店でオーダーしたのはステーキなのである。に、肉食カッパ……。ほっぺたが壊死してしまう。この人はわざとやっているのではないだろうか？

それはともかく、随分と久しぶりに「レッドロブスター」の名を聞いた。10年ぐらい前まではテレビをつければ「レッドロブスターへ行こう！」というフレーズのCMがヘビーローテーションで流れていたものだったが、気がつけば、あのCMも店の姿もとんと見なくなっていた。

よく団塊世代の方などは「奥様は魔女」などの米国産テレビドラマを観て、裕福なアメリカ家庭へ憧れを募らせたと聞くが、僕ら団塊ジュニア世代にとってのそれはレッドロブスターのCMだったと言っても大仰ではない。

聞きなれない「ロブスター」の名に、アメリカンサイズなエビ・カニ・ホタテのゴージャスメニュー。それに子供から大人までが笑顔でかぶりつく。飛び散るエビ汁、魚介汁の今で言うシズル感。BGMに使われたジャズの名曲『In the Mood』は「レッドロブスターの曲」と認識され、そのＣＭからは「なんだかしらないが、やたらウマそうな雰囲気」がビンビンに醸し出されていた。

そして、バブルの絶頂期。我が町にもレッドロブスターがやってくることとなる。しかもその店はオープン当初から連日大人気で長蛇の列。小学校高学年だった筆者もまた、その人気の「ロブスター」というイマイチ得体のしれない食材の店に並びながら、父に問うた。「これはなんだ」と。父は真顔で答える。「ザリガニだ」と。

冗談ではない。裏の沼で「よっちゃんいか」をエサに釣っていたあのザリガニを、ベランダへ行けば異臭を放ってくたばっている、あのザリガニを喰うなんて！

「アメリカは食糧事情が貧窮しているのか？」

頭からそんなことを考えている人間に、まずロブスターは喰えない。そして、残念なことに当時物珍しさで行列を作っていた人間の多くが「ロブスター＝ちょっとばかし育ちのいいザリガニ」という共通認識だったように思える。そんな人間ばかりが住まうわが町のレッドロブスターが長く続くわけもなく、同店はバブル終焉と共に姿を消し、跡地にはファンタジーハンバーグ「びっくりドンキー」がやってきて我々は「メニューーデケー！」「びっくりコーラデケー！」と熱狂。赤いザリガニの店は自然と記憶から消えていた。

あれから20年。追加の生牡蠣《なまがき》を美味しそうにジュルジュルと喰らうカッパの笑顔によって呼び覚まされるレッドロブスターの記憶。いや、こんなウマそうだった記憶は無い。思い出せるものは「レッドロブスタァァ」のジングルと「おいしいフードシーフード」のダジャレコピーだけ。肝心の中身について何も覚えていない。ちょっと調べてみるとレッドロブスターは今も東京に7店舗ほど残っていた。バブル崩壊後、客足が遠のき債務超過に陥るなどピンチを迎えたが、２０００年代初頭に経営母体が変わり、大きく方向転換を果たしたとか。20年経った今、そこには何があるのか。海の専門家である漁師の友人カトーさんと連れ立ちあの店へと向かった。

「アメリカンだね」

純和風を好むカトーさんが背中を丸めてつぶやいた。レジ前に聳え立つ大量の生きたロブスターがどっさり詰まった水槽、ウエスタン調の内装、広々としたテーブルなど、そこはやっぱり僕らが想像するアメリカだった。

たかがファミレスとナメていたわけではないが、驚かされたのがレストランとしてのクオリティの高さである。メニューを見ればロブスターや牡蠣を筆頭としたシーフードに肉料理、パスタ、デザート、カクテルなど、壮観なラインナップ。

それ以上に素晴らしかったのが接客だ。アメリカから空輸されてくるライブロブスターをはじめ、聞きなれない食材や食べ方の料理が多いなか、店員さんは懇切丁寧に説明してくれる。「よっちゃんイカでも釣れるのか」なんてくだらない質問にも、わざわざ調べて答えてくれるわ、調理前の生きたロブスターに触らせてくれるわ、でき上がりも好み通りに取り分けてくれるわ、至れり尽くせりである。

そして、これが何より重要だ。びっくりした。レッドロブスターはウマい。シーフードなど喰い慣れている筈の漁師のカトーさんが「味も値段もファミレスのレベルじゃねーぞ」と満腹で前後不覚になって動けなくなるほどだ。ライブロブスター、ワタリガニのパスタ、最高だ。さらに「これだけで通ってもいい」と言わしめたのが「ロブスタービスクのパイ包み」。この味はカトーさんに「(世界で2番目に危険という)ベーリング海に漁に出るのも悪くないな」と何かを決意させてしまう。そして肉、牡蠣、ムール貝。カッパのチョイスも流石だ。

この20年の間に経営権も、店も、食べる側の意識も変わったとはいえ、こんな店だとは知らなかった。昔の影響で未だ「ザリガニ屋」だと勘違いしたままでは勿体ない。今のレッドロブスターは間違いなく三ツ星級レストランだ。目を覚ましてください！

【文庫版おかわり】ローブスターふろーむカーナーダー♪というわけで、レジ前にある生きたカナダ直輸入ロブスターの水槽はサイズによって分けられているわけだが、これが見ているだけで飽きない。Lサイズは通常で2ポンド（８９００円）で大体10歳ぐらい。年齢によってサイズも大きくなっていくようで、店では7ポンド（３万２９８０円）ぐらいまで予約すればいけるとか。食べ方はオーブン焼き、黄金焼きなど数あれど、詰まった身、どでかいクロー、芳醇な味噌。それら素材の甘みを堪能できるスチームでいただくのがどうしたって贅沢の極み。一説によるとロブスターは寿命がなく永遠に死なないとも言われているが、これだけ美味いのでほとんどが捕まって食べられて死ぬらしく真偽は不明。何かの故事か落語のネタになりそうな話だ。

ＤＡＴＡ　レッドロブスタージャパン株式会社（本社：東京都港区）。２０１０年設立。全国24店舗（２０１６年4月現在）。ライブロブスタースチーム（レギュラー）４９００円、ロブスタービスクのパイ包み６８０円、タラバガニ（２５０g）３９８０円、シェフズパエリア（レギュラー）１７８０円など。

14

恐怖！血の池地獄の中本工事人間 蒙古タンメン中本

夏である。今年は特にクソ暑い日が続く。食欲も無い。外に一歩も出たくない。当然、メシを喰うために行列なぞ冗談ではない。そんな悪態をつきながらも並んでしまう行列の中。そう、ここは世界で唯一の例外となる飲食店。

「蒙古タンメン中本」

今現在、筆者が世界で一番愛してしまっているラーメン屋。その名を聞けば、己が体のあちこちが条件反射の繁忙期。ヨダレと胃液と汗が一気に放水をはじめ「また奴が来る。今週多いだろ?」とパブロフの犬が吠えまくる。

10年以上通い続けるうちに、筆者の体は対「中本」用にカスタマイズされてしまったようだ。便宜上あえて言うならば中本工事人間である。

当然、思考も中本カスタマイズされているのだから、外気温40℃だろうが、40分待ちの行列だろうが関係ない。あの〝3・11〟も御徒町の中本で被災したのだから、もはや何が来たって文句など言うわけがない。

そんなことを言うと「ああ、辛さで舌が壊れた激辛ジャンキーね」なんて一笑に付されることがままあるが、何もわかっとらん。「中本=激辛」なんて単純な構図で済めば、ここまでのドハマリはしない。中本に「激辛」なんて刺激はもはや求めていない。そこにあるのはひたすら「ウマい」という概念のみである。

入り口は確かに激辛だった。初めて口にしたのは01年の夏頃か。駆け出しのライターだった筆者は、当時所属していた悪のライター事務所の社長に、池袋で復活したばかりの中本へと連れて行かれた。大食い、早食い、激辛、ゲテモノなんでもござれで、「辛いものは得意中の得意です」なんてエラそうに豪語していた若輩者がオーダーした、その店の基本にして看板メニューである「蒙古タンメン」。これをひと口食べた瞬間、火と弱音を同時に吐いた。とにかく辛い。味？　多分、唐辛子味としか言いようがない。

しかし、周囲を見れば血の池地獄が如く紅に染まる「北極ラーメン」を、涼しい顔して食べている猛者どもがいる。蒙古タンメンすら食べられない自称激辛好きは、この屈辱に震えた。そう、最初はただ辛さへの憧れだったのです。

その後、何度か挑戦し、どんな辛さでも鼻から抜かない食べ方をマスターすればどうということはないことに気がつく。やがて蒙古タンメン、そして北極ラーメンと段々に辛さの上位ランカーを倒していくと、辛さ自慢は益々エスカレートし、最終的に激辛最高ランク10の「冷し味噌」に、卓上の一味唐辛子を5杯入れるまでになっていた。

あの頃は辛さに荒んでいた。辛さこそが強さと信じ、辛さに跪き、怯えていた。北極ラーメンをヒーヒー食べている大学生グループを素人と鼻で笑い、友人から「舌おかしいんじゃね？」と畏敬の言葉を頂戴すれば、俺の自意識、得意満面。そう、あの頃は、唐辛子の量が世界のすべてに思えていたのです。

そんなこんなで、紅に染まったこの俺を慰める奴はもういなくなってしまったのだが、ある日、友人の付き合いで頼まざるを得なかった一杯の「蒙古タンメン」で我に返った。なんて美味いんだ。俺はこれまで何と戦っていたのか。辛さに追われ味が見えなかった。こんなウマいラーメンがすぐソバにいたのに……。

「中本」は辛い。だが、それ以上にウマい。池袋、新宿、御徒町と通い詰めたのは、辛さがクセになったからではない。辛さなど飾りです。偉い人にはそれがわからんのです。辛さはあくまで味のアクセント。だから「中本」のシステムは、10段階から自分に合った辛さのメニューを選ぶことができ、さらに卓上の一味で細かい調整もできるようになっているのだ。

そうして試行錯誤をした結果、〝俺の中本〟ド真ん中は辛さ7の冷し五目タンメン野菜大盛りに一味を3杯入れたところと知る。麺は半熟玉子の黄身を絡ませ食べる。ライスは麻婆付きの定食ではなく白いライス。そこへたっぷりの野菜と肉を載せて食べれば、ひと粒で二度美味しいのである。

中本工事人間は辛さに飼い慣らされた人間ではない。己にとってのド真ん中の「中本」を知ってしまった人のことを言う。己が体がヨダレや胃液や汗を無闇やたらに噴き出しているのは辛さが欲しいわけじゃない。「中本」が欲しいのだ。

しかし、条件反射というものは恐ろしい。こんな原稿を書いていたら……奴が暴れ出してしまったようだ。ああ……手首を流れるヨダレを己の体に絡みつけると一瞬のうちに蘇る食欲が閉ざされそうなので、やはり今から御徒町へと繰り出そう。

……ちなみに。多くは語らないでおくが中本は翌朝までが中本である。その官能的な刺激すらも楽しめるようになれば、中本はより一層止められなくなる。

〝辛〟という漢字をツライと読む人もいるだろうが、中本のように「ウマい」という一本の味を加えてやれば〝幸〟となることもある。この多辛感にして多幸感こそ、紅に染まった中本工事人間の真骨頂。上から下までキックアス。いつか年を取り、白いレオタードに赤い蒙古斑が滲《し》みようと、この店に通い続けることを誓うのである。

【文庫版おかわり】世は史上空前の激辛ブーム。蒙古タンメン中本は、その最重要店として認知度を高めている。２０１６年現在、店舗数は東京を中心に16店舗となり、セブン-イレブンではカップラーメンも販売。人々の激辛好きを決める指標が「北極ラーメンを食べられる」などの中本基準になってきているような空気を感じる。また、世の中全体の〝辛さ〟も益々過剰になってきているようで、ハバネロやブートジョロキアなんて生物兵器的な激辛ソースが普通に出回る始末。ラーメン店でも、びっくりするような激辛ラーメンとたまに遭遇することもあるが、やはり辛さはあってもウマさとの両立ができているラーメン店は中本以外には少ない。そんな中本も最近知ったのだが、年に数回限定で「北極の超」なんて特別メニューが出たり、「北極の５倍」「10倍」なんて掟破りの注文もできてしまうらしい。なんてことだ。このケツからトウガラシを吹き出すような辛さのチキンレースからはとうに降りたはずなのに……パブロフの犬が目を覚まし、さび付いた括約筋が疼きだす。いつか必ず挑戦したい。

DATA　株式会社　誠フードサービス（本社：東京都豊島区）。１９６８年「中国料理　中本」として上板橋に出店。２０００年「蒙古タンメン中本」として復活。東京を中心に16店舗（２０１６年４月現在）。蒙古タンメン８００円、北極ラーメン８３０円、定食１８０円など。価格は御徒町店。

15

やよい軒

すべては〝ごはん〟のために

「この世界で一番好きな食べ物は？」と問われたならば、筆者は迷わずに「炊き立てのごはんだ」と答える。

「最後の晩餐に何を選ぶ？」と問う人があれば、パンも葡萄酒もぶちまけて「アイ・ウォント・ライス」と要求するだろう。

1億総グルメの時代と言われ、ミシュランがあっという間に書店から消えてしまう今のご時世。三ツ星だ、珍味だ、味の宝石箱だと、世の中にはウマいおかずはごまんと転がっているわけだ。

しかし、ここに断言したい。どんなおかずも、ごはんを美味しく食べるための副食に過ぎない。大事なことは唯一つ。「その米をいかに美味しく食べられるか」という観念だ。

ステーキや、大トロ、カレーなんてものを重宝するのも「米が美味しく食べられる」から有り難いのであり、米がなければ皆「つまみ」と一緒。乾き物みたいなものである。

こんなに美味しいお米を、改良に改良を重ねて生み出してくれたご先祖様、そして今も変わらず日本の米を守り続けてくれているお百姓さんたちに、毎度毎度、感謝を捧げずにはいられない。

日本人で良かった。本当に良かった。しかも、白米を腹いっぱい食べられる20世紀後半に生まれて良かった。こんなに美味しいお米は世界中どこへ行っても食べられやしない。

欧米人はパンのみで生きるにあらずらしいが、日本人は米のみで生きるのだ。重要な項目のマークを「米印」というほどの民族だ。日本人にとって米は命。米を喰え、感謝を捧げろ。米国ではなく米穀を崇拝しろ。アンパンマンはおむすびまんに主役を替えろ、コメー！

そんな米欲望に応えるかのように、ここ最近の日本では、「ごはん処」という形態の定食チェーン店が増えてきている。代表的なところでは「大戸屋」「おはち」そして「やよい軒」だろう。これらの店は、どれもウマいごはんを主軸とした我が国が誇る優良ごはん店舗。なかでもお気に入りなのがやよい軒である。

このやよい軒、元は「めしや丼」と名乗っていたのだが、２００６年の夏ぐらいから、名称を今のものに改めている。なんでも明治時代に茅場町にあった洋食屋が、経営会社プレナスの社長の祖父の店で、その店の名が「彌生軒」という名だったらしい。なんでこの名前にリニューアルしたのか詳細は不明だが、イメージ的には名前を変えて落ち着いたような気がする。

しかし、その店の生命線にして最大の特徴である「お代わり自由」システムだけは変わりようがない。定食か朝食セットを頼んだ客は何杯でもお代わりが可能のため、店の中央に威風堂々と鎮座する釜の前には、昼時ともなると米好きたちが、ミツバチが花の蜜と戯れるが如く、ふわふわと飛んできてはごはんをよそって自分の席へと帰っていく。

料金は一番安い納豆朝食が350円。定食なら590円〜890円ほどである。牛丼屋などと比べるとやや高めと思われるかもしれないが、ごはんお代わり自由を考えれば費用対効果は抜群であると言えよう。

ただ、間違えて丼ものを頼んでしまっては、お代わりはできないので注意が必要だ。そんな初歩的なミスを犯して、お代わりしまくる他の部員を尻目に寂しそうにうつむく柔道部員をこれまで二度ほど見かけたことがある。

「やよい軒」の米は、べらぼうにウマい高級ブランド米という感じではない。だが、100%国産という米へのこだわりは相当にあるようで、スタッフが日本各地の有名産地を自らの足で訪ね歩き、厳選してきた米を、玄米の状態で仕入れ栄養素が豊富でカロリーも10%ほどカットされる「金芽ごはん」という状態に精米して提供しているのだとか。

そう。この店には高級な食材というものはない。だが、米を美味しく食べる要素、そしてごはんが進む要素なら十分すぎるほど揃っているのだ。

おかずには焼き魚やフライものもあるが、ここはやはりタレ系だ。なかでもマイフエイバリットの「チキン南蛮」ならば、チキン本体でごはん2杯、タレで1杯はいける。すき焼きやチゲ鍋などの汁系も、知らず知らずのうちに2、3杯は平気でお代わりできるだろう。

しかし、それだけでは終わらない。席に常備された漬物が、これまた悪魔的にウマいのだ。お店の人に聞いたところ、ゴマと白菜の細切りというシンプルすぎるこの漬物、これだけで2杯は余裕、上級者になると、お茶漬けにして食べてしまうツワモノもいるようで、一人でひと箱をあける人も珍しくないようだ。考えてみれば「やよい軒」のお茶が1杯目だけ熱い茶で、机に冷茶が置かれているのは、このお茶漬けを阻止する狙いもあるのだろう。

通常、そのような性格を持つ店であれ

ば、体育会系合宿の夕飯時のような汗臭さや、パンを求めて行列をつくる共産圏の人たちのような侘しさが隠しきれなくなるのは必然。確かに「めしや丼」の頃には、大戸屋などに比べると、ギスギス感や、そこかしこから「コメー!」「コメー!」という嬌声が聞こえてくるような貧乏学生御用達食堂風のしみったれた空気が漂っていた。しかしやよい軒となり名前だけでなく店自体も和風の落ち着いた佇まいとなり、それまでの雰囲気は一掃された。このマイナーチェンジは外食業界でも数少ない成功例ではないか。

美味しいごはんが食べたくなったら、やよい軒へ行く。そして、この店に来るたびに、ごはんと共に奥歯でしっかり嚙みしめるのだ。平成の時代の日本人に生まれて、本当に良かったと。

【文庫版おかわり】ついに十六穀米が登場。しかもお代わり自由はなし。白米至上主義者たちが最も気にする健康を狙い撃ちする戦略に、究極の選択を迫られる。

DATA　株式会社プレナス（本社：福岡市博多区)。1960年創業。1989年「めしや丼」開業、2006年「やよい軒」に改称。全国302店舗、海外159店舗（2016年3月現在)。チキン南蛮定食740円、納豆朝食370円、厚切りカルビ焼肉のミックスグリル定食980円など。

16

牛角

牛の幸福

ではないか。

「肉を焼く」という行為がもたらす幸福は、全人類における唯一無二の共通認識なのではないか。

それは、はじめ人間ギャートルズの時代から今日まで続く不変の真実。何故だろう。肉を焼けばそれだけでテンションがアガるのは。鉄板に載せた途端に心に染み渡るあの爽快なサウンド、肉汁は威勢よく踊り狂い、周囲には肉肉しい香りがたち込める。

肉欲。それは人を狂わせる恐るべき欲望にして、爆発的なパワーを生み出すエネルギー。反面、その限りなく攻撃的な欲望は、牛や豚を食べなかった我ら農耕民族の日本人をも虜にし「おとっつぁん、おかゆができたわよ」「いつもすまないねぇ」「それは言わない約束よ」なんて美しきコール&レスポンスを「父さん、おかゆよ」「いつもおかゆだねぇ」「糖尿病なんだからしょうがないでしょ。文句ばっか言わないでよ」へと変貌させた。

日本人がそれほどまでに肉好きになってしまったことも、この料理があるからであろう。「焼肉」。それは肉の幸せを最も享受できる料理。焼肉といえば韓国料理だと思っている人もいるようだが、韓国料理の焼肉とは「プルコギ」のことであり、鉄板の上で肉を焼き、タレをつけて食べる「焼肉」は、韓国でも「日本流」と呼ばれている我が国発祥の文化なのだとか。

そんな焼肉はもはや日本の国民食の地位を不動のものにしようとしている。給料日後などの「ごちそう」と呼ばれる儀式には、約80％の人間が寿司か焼肉を選択する。メジャーリーグのスラッガー、デレク・リーも子供の頃に日本で食べた神戸牛のＹＡＫＩＮＩＫＵが忘れられないと今も言うほど、もはや焼肉はスーシ、テンプーラという古参メニューに肩を並べたと言ってもいいだろう。

そんな焼肉は庶民にとっては当然高級料理に分類される。特に筆者が子供の頃などは、外食で焼肉を食べに行くなど、父が競馬で勝たない限りあり得なかった。焼肉といえば高級焼肉か食べ放題の二つに一つの時代である。カルビやロースという言葉も知らず、ただ「肉」という概念だけで生きていた学生の頃などは、焼肉といえば食べ放題で、火柱を上げて周囲を大炎上させる油まみれの安肉で十分満足できた。

それから数年後の90年代後半、東京に出てきた筆者が見たものはチェーン系焼肉というものだった。「安楽亭」「牛繁」「牛鉄」そして「牛角」。それらの店は、手頃な値段で本格的な焼肉を楽しめる新機軸を打ち出し、これまでの焼肉界の常識を覆すことに成功。焼肉への敷居が下がったことにより、より国民食へと近づいた。

筆者にとって、チェーン焼肉といえば「牛角」だった。そのはじめての出会いの衝撃は今でも昨日のように覚えている。まずは肉質。焼肉というものを知らぬハタチそこそこの貧乏人にとって、牛角の肉は、まだ見ぬ松阪牛と錯覚するほどの実力を感じずにはいられなかった。さらにカルビ一皿４９０円という驚異の値段、サイドメニューも充実し、炭火七輪というシチュエーションにも感動した覚えがある。

あの時代、牛角は青春だった。お金が入れば「牛角」。引越しの手伝いをすれば「牛角」。フラれたら「牛角」。先輩がおごってくれると聞けば「牛角」と、節目節目には必ずあの店へと出かけていた。何故、あんなにも通い詰めたのだろうか。牛角のHPを流し読みしていると「焼肉には人を元気にする魔法があるッ」という言葉があった。感覚として理解できる。若い頃なんてどんなに落ち込んでも焼肉を食えば強制的にアガってしまう単純構造である。つらい現実も未来への不安も、焼肉があれば一時だけでも忘れられた。あの頃の牛角には何度元気を分け与えてもらっただろうか。

そんな牛角も、気がつけばこの頃はすっかり足が遠のいてしまった。そりゃあ「東京都韓国」とも揶揄される焼肉タウン・百人町に住んでいるのだから無理もない。

30歳も超え、肉もそろそろ翌朝に響くようになったある日。牛角が平日限定でビュッフェスタイル……平たく言えば「食べ放題」をはじめたという情報が耳に入ってきた。食べ放題といえば、向こう側が透けて見えるほど薄っぺらかったり、脂だらけで店のそこら中で日本海海戦のように火柱が立ち上る安肉が大量投下される虚無の世界。

それがナゼ牛角なのか？　この店を愛した過去の自分へ義理立てを果たすためにも、確かめに行ってみた。そして驚いた。

中落ちカルビ、ロース、ハラミ、ピートトロなどの王道ほか、明太マヨチキン、ハッシュドポテトなど変わり種も含む合計25品目が食べ放題。さらにごはん、スープ、デザートまでついて2600円。味も通常のメニューと同じように思える。なんて羨ましいんだ。だけどこれはオッサンになってくるとさすがに胃袋の方がキツイ……。

　隣の席ではかつての自分たちと同じような腹ペコな若い学生が流し込むように肉を食べている。いい食いっぷりだ。胃腸も元気そうだ。俺らの時にこんな食べ放題があったら、どれだけ幸せだったか。いろんな意味で羨ましい……なんて考えていたら無性に腹が立ってきたので、奴らが頼めない通常メニューの黒毛和牛の上カルビを頼む。

　当然、食べ放題のカルビより格段にウマい。肉を大量消費する学生だけでなく、こういうメニューも用意して選択の余地を与

えてくれているのは実に嬉しい。食べ放題には量を、大人には質を。人が望む元気を与えてくれる、「牛角」のような人に私はなりたい。

【文庫版おかわり】デレク・リーが日本の焼肉を懐かしんだ事が語り草になるも今は昔。今や牛角は米国をはじめアジア諸国に店舗を大展開しており、そのすべてが黒字化するなど、日本式焼肉のパイオニアとして世界中で愛されていると聞く。プロ野球の世界で見ても来日する外国人に牛角ファンは多く、特に元広島のG・ラロッカなどはどんな高級焼肉店よりも牛角を愛する重度のファン。MLBの上原浩治も密着番組で「よく行く店は牛角」なんて言ってるのを見ると、僕らは気がつかぬうちに、相当なモノを食べたのではという感慨を得る。ちなみに今では牛角での食べ放題は連日実施され3コースが設定されたが、黒毛和牛やみすじ、冷麺やデザートなど極上ものが色々選べるプレミアムコースがおススメ。なんていくつになっても焼肉の話をしていると幸せな気分になる。人を元気にする魔法、焼肉が世界を変える日も近い。

DATA　株式会社レインズインターナショナル（本社：神奈川県横浜市）。1987年設立。全国615店舗、海外79店舗（2016年1月現在）。食べ放題牛角コース3580円（90分）、黒毛和牛上カルビ1280円、みすじ690円、牛フィレ塊焼き1980円など。価格は税抜き。

17

カラオケパセラ

中年ハニー・トースト

１９９０年。15歳。初めてのカラオケで歌った曲は『異邦人』だった。寂れた町の片隅にあったボーリング場のカラオケボックス。１００円玉を入れて熱唱した久保田早紀。傍らには販売機で買ったコーラと、セブンティーンアイスがあった。

16歳。高校1年生。文化祭終了後に、この世に「打ち上げ」という名の宴会があることを知る。無駄にオシャレなカラオケのパーティルームで、気になる女子が歌ったアンルイスの『ＷＯＭＡＮ』。見惚れながらつまんだ冷凍モノの唐揚げが、艶めかしいほどジューシーだった。

17歳。高校2年生。大好きだった女の子に告白して2秒でフラれる。涙を溜めたまま、友が待つ某大手カラオケチェーンBに直行。長渕剛『巡恋歌'92』を喉が裂けるまで叫び続けた。泣きながらガブ飲みした、飲み放題のうっすいうっすいレモンサワー。「世の中には飲んでも酔えない酒がある」なんて知ったような口を利く。そりゃ、あんた。あんだけ薄けりゃね。

19歳。はじめてのアコム、はじめてのふふふふーん。仮面ノリダーなんかのロケに出て来そうな、だだっ広い河原に無造作に建てられた爆発用プレハブと思しきバラック型カラオケボックスに、おねえさんと朝まで2人。ビールやらお菓子やらを大量に持ち込んだのに手をつけず。黒板純風にいえば、歌う曲なんて南極でも北極でもどこでも良かった。クレッシェンドからのデクレッシェンド！フォルテ！ピアノ！

ス、スタッカート！
……21歳。なんやかんやと早々に人生に絶望する。あの日、大手カラオケ店の扉の前で立ち尽くしたまま聞いた、SPEEDの『White Love』と、時間が経ってカピカピに乾燥したピザは今でもトラウマだ。

24歳。死にたいくらいに憧れた花の都大東京にやってきて2年目。池袋にあった〝悪のライター事務所〟（本当に）というなんともな場所で戦闘員という肩書き（本当です）で働くことになったのだが、その初出社の前日、電話口で社長がこんなことを言った。

「アジトの場所は西口の『パセラ』を曲がって――」

パ★セ★ラ？

それが菊池桃子と加瀬大周のW主演のトレンディドラマではなく、カラオケ屋の名だということを知るのは後の話だった。

運がいいのか悪いのか。悪のライター事務所は社長が〝合コンの鬼〟と呼ばれる奇特な人だったので、そのパセラにも入社後度々行くことになった。〝カラオケ〟の概念を覆す南国のリゾートホテル風の広い室内に、お香っぽい匂いが立ち込めるアーバンな異空間。分厚いメニュー表を見れば、前菜、肉料理、一品料理にナシゴレンなんてエスニックも揃うレストランのような豪華な料理。テーブルの上に並べられた料理の中でひと際目を引いた、やたら装飾過剰な正六面体。それを目にした時から、釘づけとなった。

「ハニトー」。それは皆からそう呼ばれていた。

ひと目惚れだった。思わず目がハートになる。そんな食べ物は世の中にそう無い。美味しいだけじゃダメなのだ。甘くてかわいらしくて、コケティッシュ！　その甘美なる麗しきフォルム、生クリームやらチョコレート、フルーツなんてデコレーションがされ、頂上に鎮座する濃厚アイスクリーム。いや、装飾などしなくても、元がいいからハニーが程よく染みたアツアツのパンだけでも十分にキマる。そこへ冷たいアイスやらが付いてくれば……もう、トロけてしまう。この甘い幸せ。オッサン殺しのまさにハニートラップ。

そう。筆者。そして同年代のオッサン連中には、ハニトーファンが意外と多い。店員に話を聞いてみても「昼間に一人カラオケでハニトーを頼みにくる中年男性の方も少なくないですよ」なんてことを笑顔で答えてくれるのであるが、その素敵な笑顔の奥に蠢《うごめ》くわずかな表情筋の揺らぎを見逃さない。筆者は一人カラオケで笑顔でハニトーを持って来る店員に見せる顔など持ち合わせていない。結果、この麗しの六面体を愛でるには、誰かを巻き込むしかないのだ。友人、同僚、関係ない人。

一人では「〝もっちり〟苺ミルキートースト」なんて……アラフォー男子にとって

淫語に等しい単語を言わされる辱めを受ける。だから女子とのカラオケデートもパセラ。目的は君の体なんかではない。ハニトーなのだよ！　わはは！

28歳。病的な中島みゆき好きの当企画担当久保と会う。2、3ヵ月に一度深夜通しで中島みゆきを歌うカラオケ夜会を開催。涙を流し熱唱するオッサン2人のスイートレス空間は、フードも湿りっ気なしの乾きモノ。でもねこの10年言い出せなかったんだ。俺ね、本当はパセラでハニトーが食べたかったんだって。

2012年。37歳。そんなオッサンたちの怨念が実を結んだのか、秋葉原に「ハニトーカフェ」なる専門店ができたというビッグニュースが駆け抜けた。早速行かねばならない。駆け込んだ秋葉原。周囲にはハ

ニトーをつつくオッサン一人客×3。その慈悲なき光景はあまりに天国。翻って地獄。なんだって、テイクアウトまでやってやがるのか！　ウォー！　ウォー！

そんなわけで、我々中年ハニーのワクワクと血圧と血糖値は一気にアゲアゲ状態へ。我々は漸く解放されたのだ。派手な室内で一人肩をすぼめてコソコソハニトーを食べていた過去から。「ハニトープディングにトッピングでバナナアイスにホイップとハチミツ」なんてコケティッシュな寿限無ともいうべきオーダーからも。

カラオケの進化は同時にお供の食の進化でもある。世の中年ハニーたちよ。これで堂々とハニトーを食べに行ける。ハニトー好きに性差も年齢も関係ない。だってなんだか、だってだってなんだもん！

【文庫版おかわり】２０１６年。カラオケというもの自体、たまに子供と行くぐらいでめっきりご無沙汰となってしまった。当然、パセラも暫く行ってはいない。何故か。我らにはハニトーカフェがあるからである。

DATA　株式会社ニュートン（本社：東京都新宿区）。１９８６年創業。東京・横浜・大阪など19店舗（２０１６年４月現在）。その他系列店多数。ハニートースト９３０円、〝もっちり〟苺ミルキートースト１０８０円、完熟チョコバナナハニトー１０８０円など。メニュー・価格はハニトーカフェ。

18

くるまやラーメン

難民クルマヤー瞳の奥は笑ってない

野球選手のブログを流し読みするのが唯一の趣味みたいなものでして。先日。元プロ野球選手であり、ヒーローインタビューとロサ・モタの例え話と、グルメリポートなどに定評のあるタレントのパンチ佐藤氏のブログを何気なく読んでいると、こんな一文が目に飛び込んできた。

「なぜかあの日はくるまやラーメンが食べたくなり、大雨の中ずぶ濡れになりながら僕は一人綾瀬に向かったのでした……」(「執念のくるまやラーメン」より)。

この感覚……ものすごくよくわかる。身も心も凍り付きそうなしばれる日、他の誰でもない、あなたしか見えない。あのラーメンの味が、無性に恋しくなるものだ。

ああ。「くるまや」の味噌ラーメン。

濃厚なスープに太い麺、トッピングはバターとコーン。刺激が欲しけりゃネギを入れ、スタミナ欲しけりゃ生卵を入れる等々、筆者に味噌ラーメンのなんたるかを教えてくれた恩師にして「味噌ラーメンはくるまやであり、くるまやは味噌である」の思想を叩き込んでくれた心の名店。子供の頃からの影響で、未だにデラックスラーメン(1000円)には高級外車並みの憧れを抱いているのもしょうがない。

その佇まいはファミリー向けチェーンラーメン店然とした装いながら、その実、ガッツリ濃い味ガテン系ラーメンであり「もつ煮込み」なんて男気賭場ジャンクも置く、その生き様はまるでラーメン版「山田うどん」。と、なれば埼玉県に生息する少数部族・ヤマディアンと同じように神奈川県の一部にはくるまやをソウルフードとする少数部族が存在しているようだ。

その名も「クルマヤー」。彼らは失われてしまった祖国の味を求め、度々くるまや探しの長征へと身を投じる流浪の民。

いや、くるまや自体は、現在も東日本を中心に約200店舗存在しているし、そもそもは1970年に東京・足立区の国道4号線沿いで観光バスを改造した店舗ではじまったラーメン店なのである（それが店名の由来らしい）。そうなると、東北から北陸、関東、東海とクルマヤーが生息することになるが、ここで言う絶滅危惧種の「クルマヤー」はあくまでも神奈川の一部のみにしか生息しない。何故か。彼らは祖国である「くるまや」を失った経験をしているからだ。

1980～1990年代を神奈川県で過ごした人間、特に幼年期～少年期の多感な時期を過ごした純正クルマヤーの喪失感は人格形成にまで影響している。

あれは高校3年生の昼休みだったか。友人同士で「どこのラーメンが美味いか？」を議題に膝を突き合わせて激論を交わしたことがあったのだが、結局「味噌はくるまやだろ」という事実だけが満場一致で可決された。それ以外は何も決まらなかったというのに、だ。

神奈川県民がそこまでくるまやを愛するのには、他県と少し違うくるまやの事情があった。まず、県民のほとんどはくるまやは神奈川県民の足でもあるバス会社、神奈川中央交通・通称「神奈中」が運営するラーメン屋と刷り込まれ（当時は営業所の近くに店舗があった）、そのことから神奈川限定のラーメンチェーンだとすら思い込んでいる節があった。

確かに、90年代までは神奈川県内にあった多くのくるまやは神奈中がFC契約をしていたことは事実。しかし、94年にくるまや本体の経営が火のクルマとなって、会社更生法が適用されるようになると、00年に神奈中はFC契約を解消。その後神奈川のくるまやの多くは「らーめん花樂」として生まれ変わる。更生会社くるまやの方は不採算店舗を閉店し営業を継続したため、多くの日本人にとってのくるまやはくるまやのままであったのだが、わけもわからず故郷を取り上げられた神奈川のくるまやファンは、味噌ラーメンにおけるくるまや原理主義者「クルマヤー」へと覚醒。心の中にぽっかりと空いた味噌の穴を埋めるため、「ミソラーメンハクルマヤガイチバンダヨネー」、「ヤッパリネギミソチャーシューガナンバーワン」「ミソー」なんて言いながら、手の届く場所にくるまやがあると聞けば、野を越え山を越えてでもかの場所へと向かってしまうのである。

しかし勘違いしてほしくないのはくるまやは「二郎」や「中本」のような中毒衝動が起こるラーメンではないことだ。あくまでも心のやわらかい味噌の場所にじんわりと訴え掛けてくるように欲するため、性質《たち》が悪く、傍から見てもわかりづらい。クルマヤーを識別する唯一の手がかりも味噌ラーメンの好みの話でしかわからないだろう。

彼らは「イヤ……ミソハクルマヤダヨ」とやけに主張する。地方でくるまやを発見した時に、過剰なリアクションで入店を促す。「花樂」の前でさながら寅さんが如く入ろうか止めようかウロウロしている人(寅次郎の実家も「くるまや」である)がいたら、それはクルマヤーな可能性が高い。

「花樂」じゃダメなんです。でもくるまやが無いんです。東京でも浮わついた町にはありゃしない。本物が似合う町・足立、江戸川、葛飾区にしかないのである。だから

我らは千代田線に揺られるしかない。今日も明日も明後日も。冒頭のパンチ氏が果たしてソレなのかどうかは窺い知れぬが、40年以上神奈川に住んでいらっしゃるようだし、自宅から1時間掛けて、綾瀬まで出向く行動から推測するに、罹患している可能性は高い。

筆者にとってもくるまやは、味噌ラーメンの原点にして故郷の味。こんなしばれる夜は、ウマいんだよね……あの人この人、大臣だって、みんないるのさくるまやが。へぇーそうかおまえさんも神奈川の生まれか。やめろ！　あんな甘ったるいラーメンが好きな女なんか。くるまやさんの味噌ラーメンが食いたいなぁ……ねぎ味噌ちゃーしゅー!!

【文庫版おかわり】絶滅したかに見えた神奈川のくるまやラーメンも、横須賀・三浦などの一部地域では密かに難を逃れて営業を続けている店もあるそうだ。ちなみに住人が言うところでは、近くにあるからか、まったく有り難いと思っていない。

DATA　株式会社くるまやラーメン（本社：東京都足立区）。１９６８年創業。東日本を中心に１７７店舗（２０１６年２月現在）。味噌ラーメン６３０円、ねぎ味噌チャーシューメン１０６０円、くるまやたいわんラーメン６９０円、カレーラーメン６３０円、餃子（５個）２８０円、チャーハン６５０円など。

19

とんかつ和幸

全国のとんかつさん

〝悪魔の食い合わせ〟というものが世の中には存在する。一度手をつけてしまったが最後、かっぱえびせんも裸足で逃げ出すやめられない止まらないの無間地獄への誘いカップリング。カステラと牛乳、コーヒーとタバコ……それら麻薬的相性を得る組み合わせの最たるものとしては、やはり「揚げ物とごはん」であると確信する。

とんかつ。

なんとも間の抜けたこの字面《じづら》の料理こそ、揚げ物の中の揚げ物。百揚げの王であることは改めて言うまでもない。

ちなみに最近、かつとんたろうさん（通称とんかつさん）という、筆者と同じただれたベイスターズファンであり、草野球選手で自称とんかつ評論家というモノ好きのデパートみたいな奇特な方と、よく席を同じくする機会がある。しみじみ思うのだ。とんかつさんって！　いや、そうじゃない。今の世の中、とんかつさんみたいな評論家が出てくるほど、美味いとんかつはどこの街にも存在している。そして専門店に入れば、ブ厚くてジューシーなとんかつと共に、ごはん・味噌汁・キャベツの〝無制限おかわり〟が、ごくごく当り前のように横たわっている。

最大幸福。これ以上の贅沢、そして危険な話は世の中にそう見当たらない。

思い返してみれば、とんかつ専門店という概念も知らなかった子供時代、筆者の家庭の事情ゆえなのかもしれないが、店で食べるとんかつといえば、30円の駄菓子〝ビッグカツ〟の親玉か、太ったハムカツ程度の代物で、下手なところだと一口食べれば衣から豚肉がスッポリ抜けるガッカリとんかつが主流だった。現在のようなぶ厚くジューシーな本物の〝とんかつ〟。あれに出会った瞬間、とんかつはとんかつでなくなり、ビッグカツは携帯用とんかつでないことを思い知る。

本物のとんかつの味を筆者に教えてくれた店。記憶を辿っていくと、それが「とんかつ和幸」だったことに気づく。

和幸。今では当たり前になった〝とんかつ三種の神器〟、ごはん・味噌汁・キャベツの無限おかわりを日本ではじめて行ったとされるとんかつ専門チェーン店。そして世の中の和幸くんたちに、前出のとんかつさんのように能動的な呼び名でなく、問答無用に〝とんかつ〟というアダ名がつく原因となった店。多分、会ったことはないが世の中には稲葉和幸くんも必ずいるはずだ（ちなみに「とんかつ和幸」（和幸商事）と「いなば和幸」（和幸株式会社）は別経営のチェーン。さらに協和株式会社が経営する第三の「とんかつ和幸」まで出てくるなど、とんかつ界は極度の「和幸」好きである。現在も裁判で係争中なぐらい。何故だ）。

それはともかく。和幸が現代日本に定着させた「とんかつ文化」の功績は計り知れない。本丸のとんかつを軸に、エビフライやチーズ入りメンチ、ナスの挟み揚げなどの揚げ物盛り合わせのバラエティも豊富。それで物足りなければ、「追加かつ」の注文だ。それらは、おかわり自由のごはん・味噌汁・キャベツたちが包み込む。これらがもしも有料であれば、心ゆくまであの肉汁ほとばしるとんかつを楽しめなかったであろう。そう、あの三種類が抑圧から解放された瞬間、とんかつの可能性は最大限に開花した。

まずは、キャベツ。ソースやドレッシングをかけるもよし、何もかけずにそのまま食べても何故だか美味い。キャベツばかりを齧っても「赤ちょうちん」（Byかぐや姫）の世界のそれとは正反対。油っぽさを一瞬でリセットするとんかつ界の名バイプレーヤーだ。しじみの出汁がよく染み出した味噌汁は、肉料理の豪快な味に和食らしい深みを与えるアクセント役。そして揚げ物のパートナーとして欠かせないごはん。この和幸のごはんがまた美味い。調べてみると、やはりかなりのこだわりがあるようで、何やら毎年品種や産地の新米を食べ比べ、地域性を考慮した上で、ベストマッチのお米を選定しているのだとか。

これには手厳しいとんかつ評論でお馴染のとんかつさんとて手放しで絶賛か。

「はい、とんかつです。和幸ですか。素晴らしいですね。あのとんかつの下に敷く網。今やどこでもやっていますが、あれは和幸の大発明ですよ。しなびた衣ほど悲しいとんかつはありませんからね。そしておかわり自由で、値段そこそこで腹いっぱい。とんかつはこうでなくてはなりません。あ、店ごとの出来不出来があるのは愛嬌ってことで」

とんかつは〝幸せ〟をひとつの形に落とし込んだ完璧な作品である。そして多分、世の中の仕組みとして幸せの総量が規定値に達すると天国への片道切符を手に入れてしまう。そう。こんな幸せがゴロゴロ転がっている危険な場所に年中通っていては、命と体重がいくらあっても足りやしない。そんなことから最近はテイクアウト専門店で大人しく持ち帰りカツにしている……のだが、これも抜群に美味い。とんかつも、ごはんも店で食べるのとはまた違った魅力がある。昆布の佃煮とか。

いや、ホントに世の中のあらゆる快楽を考えてみても、とんかつ以上の幸せってなかなかに出会えない。とんかつの幸せ。それは、漫画「美味しんぼ」の「トンカツ慕情」の回でも、食堂の主人中橋さんが貧乏

な学生に語る言葉としてこのように言及されている。

「いいかい学生さん、トンカツをな、トンカツをいつでも食えるくらいになりなよ。それが人間えら過ぎもしない貧乏過ぎもしない、ちょうどいいくらいってとこなんだ」

今では日本を代表する幸せの食となったとんかつ。そしてそれを取り巻くごはん・味噌汁・キャベツという至高のフォーメーションは日本（「和」）を「幸」福にする。だから、とんかつ屋は「和幸」を名乗りたがるのだろうか。

【文庫版おかわり】この記事が縁となって2014年に某新聞社（東西新聞ではない）の企画で、定食評論家の今柊二さんと、横浜関内の名門とんかつ店勝烈庵の社長さん。そして例のとんかつさんとの〝とんかつ座談会〟の末席に加えてもらった。ルーツから食べ方、そして未来への提言など、素晴らしく進歩的な話し合い。紙面を見たら俺、相槌と愛想笑いしかしておらず。全員、とんかつ好きすぎるだろ。

DATA　和幸商事株式会社（本社：神奈川県川崎市）。1958年設立。レストラン業態は、北海道から広島まで約150店舗。売店形式、匠庵などの上位店もあり。ロースかつ御飯、和幸定食など。キッズメニューなども。メニュー・価格は店舗によって異なる。テイクアウトも可能。

20

PIZZA-LA

日本人による日本人のための宅配ピザ

日本における出前の歴史は意外と古く、江戸時代には今とは形式が違うものの、天秤棒を担いで寿司、そば、天ぷらにうなぎなども売りに来たり、大名屋敷に大口の料理を届けたりと出前らしきことはやっていたようだ。

それは、やけにシャレた〝出前〟だった。

中学時代、東京の伯母さんの家へ遊びに行った昼飯時。「出前でも取るか」と言って届いたものは、見たこともない四角いハコだった。

聞けばピザだという。「ほぅほぅ東京にはピザが出前でやってくるのかい。流石都会はシャレていやがる」なんて感心しながらそのハコの蓋を開けると、大袈裟ではなく、それが一体なんの食べ物なのかわからなかった。そこに鎮座するやけに具がモリっと載った円形の物体X。それまでピザといえば、喫茶店のピザトーストか、雪印の冷凍ピザという頭しかない昭和の中学生が、それを「ピザである」と認識できた唯一の手掛かりは、中心から放射状に分割された切れ目だけだった。

はじめて目にする「ピザ」を名乗る断片を、恐る恐る手に取ってみれば、一瞬で大量の具がズラリと滑落する。ああああ……と、涙目で右往左往していると、伯母さんが割り箸を持ってきてくれたので、筆者は具をおかずに、生地をパンにして食べた。明らかに間違えている。

明治時代にはじめてハンバーガーを食べた日本人も同じように分離させて食べたと

いうエピソードがある。この「ピザーラ」のピザが登場したことも、それまでの常識とはかけ離れた食の文明開花の幕開け。日本人にあったピザの概念を180度ひっくり返したと言っていい。

まず、あのズル落ちするテンコ盛りの具は、それだけで白メシ3杯が成立する完全なおかずである。それに御相伴するは「ハンドトス」と呼ばれるピザ生地。文字通り、まるで中田久美の上げるトスのようなふわふわもちもちの匠の技。それもそのはず「ピザーラ」のピザは日本人が作る日本人に向けたはじめての「日本の宅配ピザ」であるのだとか。日本人の好みに合わせたテリヤキやマヨネーズ、ネギなどを効果的に使い、トマトやマッシュルームなどフレッシュな食材がゴロゴロと載っているのが特徴。その繊細な味には本場「ピッツァ」なイタリア人もびっくり、アメリカ人は「クレイジージャパニーズ」と叫び、帰国子女のジロリアン編集久保は「同じカロリー取るなら二郎だな」と呟く。そんな飽食の国。

そんな最初の出会いから数年後、高校生になった筆者の町にもピザーラが進出してきた。テレビでは「ピザーラお届け!」とブラザーコーンがチェケラとやる強烈なCMがヘビロテで流れ(その影響でその後のHIPHOPムーブメントに乗る契機を逃してしまったのは言うまでもない)、町でもピザーラのエンブレムをつけた、近未来的なフォルムの宅配三輪バイクをちょくちょく見かけるようになった。そこからの流れは早かった。バイクの免許を持っている友人たちが次々と宅配バイトをやるようになり、クリスマスや誕生日などのパーティーになれば彼らが御用聞きをして回る。いつしか人が集まる場所にはピザを取るのが定番となった。サッカーW杯や野球の日本シリーズなど家に集まりスポーツ観戦、ただ単にヒマな友達が遊びに来た等々、3人以上の人が集まってくれれば自然と「ピザでも取ろうか」という流れができるようになった。

確かにこの10数年の間にゲームに映画、BS・CSでのスポーツ中継に、インターネットと、家にいながらの娯楽が発達したことも大きかっただろう。昔は寿司かそばか中華ぐらいしかなかった「出前」も、ピザ以来の「宅配」では和洋中はもちろん、夕飯の食材からピンク産業まで何でも揃ってしまう時代となった。

ただ、ウマくて便利過ぎるからこそ注意が必要なのだ。ネット世界で肥満体型を「ピザ」と揶揄するように、単独で家に籠る人間が連日ピザを注文していると10キロ20キロの増量はあっという間。そこの君、一人でLサイズを注文しておいて、宅配の人が来たら「おーいピザ届いたよ」と誰もいない部屋に向って叫ぶ工作をするのは止めろ！　バレてるぞ！

つまり便利だからこそ自制心が必要なわけで、ピザのような高カロリーなものは分けて食べる人数が必要。「一人じゃ危険。三人寄ればピザーラお届け　チェケラ」。それが現代日本における文殊菩薩の知恵だ。

　各社ともに個性的で、数えきれないほどの宅配ピザが存在しているが、ピザーラが業界NO．１の売り上げと店舗数を保っていることには、やはり何かしらの理由があるのだろう。

　現在では宅配ピザも１３００億円産業へと成長し、日本の食文化に根付いた感がある。ピザ屋の形態、ピザの種類も激増し、ハーフ&ハーフにクォーターなんて多彩な味も楽しめる。便利な時代になったが、幾つになっても、注文後の「あと30分程度でお届けします」と言われてからの期待感と、ピンポンが鳴った時のドキドキ。あの胸の高鳴りはどこまでも変わることは無い。やはり最初に注文した時の、あの楽しくてウマかった記憶がどこかにあるのだろう。

ただ一つ、あえて不満を言うならば、やっぱりあのズル落ちである。まぁ、こぼれるほど具が多いっていう証でもあるし、贅沢な悩みではあるが、あの滑落事故はペヤングの崩落事故の次にヘコむ。

そういった事故を未然に防ぐためにも、やはりグリップの安定した箸を使っておかず・主食方式で食べるのが一番安心なような気がしている。日本人向けのピザなのだから、それはそれで間違いでは無いのだろうし。

【文庫版おかわり】しかしこのピザ、とにかく高いのがタマにキズ。Mで2500円、Lだと4000円ほどが飛んでいくハイコストハイカロリーなシロモノ。最近では各社ともに店に出向いて持ち帰れば飛躍的に安くなるという方式を採り入れているが、これ即ち人様に持ってきて貰う行為には、それだけの対価が必要になるということだ。そんなことを、妻にパシられながらブツブツと呟いている。昨日も、今日も。

DATA　株式会社フォーシーズ（本社：東京都港区）。1980年設立。1号店は87年目白に開店。全国558店舗（2015年12月現在）。イタリアンバジル（M）2380円、よくばりクォーター（M）2180円、ピザーラアルティザン（M）2630円、ナゲットミックス370円など。価格は税抜き。

21

ビッグボーイ

アナンダマイド米俵

その昔、オロナミンCの大村昆は、「美味しいとメガネがずり落ちる」という特殊な身体反応を持ち、クリンビューの橘家圓蔵は人ごみに紛れると「メガネ曇っちゃう」と大衆へ向けてシャウトしていたことを思い出す。

そんな昭和を代表する2人の偉大なる芸人のメガネも、現在のファミレス界を席巻するサラダバーなんてものの中に入ってしまえば、休む間もなく曇ってずり落ちてを繰り返していたに違いない。

そんなことを思いながら先日、某レストランチェーンでサラダバーに群がる人々の顔を小一時間ほど眺めていた。その結果、57人中、49人の口元がだらしなく笑みをたたえていることを発見した。

日本には「まな板の鯉」という覚悟を決めた心境を表す言葉があるが、あの状態は多分その逆。「まな板の鯉を前にした板前」の気持ちという奴に違いない。

人は対象物がまったくの無抵抗で「もう好きにして」「どうぞ遠慮なく」という「放題」前提の白旗降参を眼前にしたとき、ただ欲望を曝け出すケモノと化す。

無条件降伏こそ最大幸福。そんな人生における数少ないシチュエーションが、サラダバーをはじめとする世の中の「放題」の類には存在する。

肉。

言わずと知れた幸福の素。科学的に見ても、牛肉に含まれるアラキドン酸という物質は、アナンダマイドという脳内物質を生成し、それが脳に分泌されると、得も言われぬ幸福感に包まれるという。

この「肉」と「放題」の幸福コンビはとにかく抜群に相性が良く、一度食べ出したら止まらない過食の祭典ともいうべき罠にしばしば陥ることで知られている。焼肉、しゃぶしゃぶ食べ放題。とんかつ、キャベツ・味噌汁・ごはんお代わりし放題。そして、ステーキ、ハンバーグでのサラダバーである。

１９５０〜60年代頃のアメリカで生まれたと言われているこのサラダバーという概念が日本のチェーン店でお目見えしたのは、１９７２年に「フォルクス」が行ったのが最初だといわれている。しかし、当時のサラダバーとは本当にレタスとモヤシだけというキリギリスのエサ箱のような侘しいもの。そこからどんどん改良され、今では多種多様な野菜類だけでなく、カレーや惣菜、フルーツやデザートまでがついてくる超豪華なバイキングとなった。それらは今や「フォルクス」をはじめ「ステーキガスト」「けん」「カウボーイ家族」なんてステーキ・ハンバーグチェーンにはなくてはならない存在。ちなみに埼玉ステーキ界の雄「どん」などは、サラダこそ無いがステーキ食べ放題なんてことも期間限定でやっていたりもする。

そんなサラダバー上等のステーキ・ハンバーグチェーンの中で、筆者が敬愛して止まないのが「ビッグボーイ」である。

もう、名前からして出自がわかるアメリカ生まれのレストランチェーン。デカいですよ、アメリカですよ、と開き直ってる感そのままにアメリカナイズされた広々とした店内に、サラダバー、スープバー、カレーバーが食べ放題。そして肉もいい。

特に早稲田にある上級店「ビッグボーイダイニング」なんてのは、ローストビーフやヒレステーキなんかもやっていて相当肉レベルが高い。しかし、やはり「ビッグボーイ」といえば数あるハンバーグチェーンの中でのマイベストオブベスト〝大俵ハンバーグ〟であろう。肉汁ほとばしる俵形のハンバーグは中身がいい感じのレアになっていて、これをステーキ皿に付属する焼き石でジューと焼くわけなのだが、このサウンドがまたどうしようもなく食欲をそそる。

この俵が醸す極上の音を耳にしては、長岡藩家老「米百俵」(百俵の米を藩士に分け与えず、売却したお金で学校をつくり、将来の百万俵になると言った)の小林虎三郎とて、たちまちのうちに米俵を食い尽くす。それほどに美味い。

だがこの大俵、実は日本のオリジナルである。というのも、本場アメリカはハンバーグ」ではなく「ガー」がメインの店なんだとか。道理で、よく見ればマスコットのボビー君もアメリカバージョンはハンバーガーを持っているわけだ(ちなみに日本のボビー君が持つのはハンバーグの皿だったりする)。

このリーゼント風頭にチェックの吊りズボン、ボビー君には結構なファンがついているようで、グッズを収集する人も世界単位でいるほど愛されているらしい。日本の店にも人形があるので見たことがある人も多いだろうが、このボビー君、おなかが突き出ていて、顔がちょっと老け気味だったりする。やはり、肉ばっかり食べてると老化物質AGEの影響で老けるのだろうか……なんてつまらんことを心配する人間ほど、サラダバーでバランスを取ろうとする。

なんだろう、「野菜食べればチャラになる」みたいなあの錯覚は。自然と笑顔になってしまうサラダバーに並ぶあの幸福感は、きっと僕らのデスマーチ。

アナンダマイドどこさ？　ビッグボさ。

ビッグボどこさ？

【文庫版おかわり】大俵ハンバーグもいいが、早稲田の「ダイニング」で出しているローストビーフは絶品中の絶品。元々隣接していたレストラン「ビクトリアステーション」（現在の同グループの店とは別という複雑さ）が閉店し、同店の看板商品だった「プライムリブ」が失われたことで問い合わせが殺到。ある意味で、その伝説的なメニューを引き継ぐためだけに、上位店「ビッグボーイダイニング」が生まれたといってても過言ではない（横須賀には同じく「プライムリブ」を出す「ステーショングリル」という店もある）。現在は「ローストビーフ」と名称は変わったが中身は同じ。マンガみたいなブ厚さのローストビーフは、リブという贅沢部位を毎日3〜4時間じっくり低温で焼き上げ、肉の旨みを閉じ込めた。表面を炙って外はこんがり、中はしっとりのグリルが特にヤバイ。その味に惚れ、食感に惚れ惚れ。何かの特別なご褒美でなければ罪悪感に襲われてしまうほどの美味さ。280g2590円で50gずつサイズアップ可。死ぬ前に530gくらい食べてみたい。

DATA　株式会社ビッグボーイジャパン（本社：東京都港区）。1977年設立。全国に279店舗（2015年4月現在）。炙り大俵ハンバーグ（150g・バイキング付）1290円、熟成サーロインステーキ（6オンス・バイキング付）1990円、単品BigBoyバイキング790円など。価格は税抜き。

22

鳥良

グッド・チキン　ゴッド・とうふ

それがチェーン居酒屋だなんてとんでもない。

今回の原稿に取り上げることが決まった今でも「鳥良」は、高級鳥料理店か何かの類だと信じ込んでいる。

ライターになって間もないチキン野郎25歳の夏。時給78円。財布の中身は700円。栄養失調寸前、常時鳥肌気味の駆け出しライターが、某有名週刊誌の編集者に連れられてやってきた〝高級店〟然とした佇まいの飲食店。それが「鳥良」だった。あまりにも世間を知らず、常識を知らず、ご馳走というものを知らずで来てしまった人生だからなのかもしれない。世間的には「チェーン店だってこれぐらい出すよ」という認識なのかもしれない。だけど、この店の出てくる料理、出てくる料理は、鳥料理といえば焼鳥か唐揚げぐらいしか知らない無知な鳥頭には、あまりにも斬新で美しく、ウマすぎた。

ひと口食べては「ハウッ!」と言葉にならない嗚咽を漏らす。舌鼓がポンポコと暴れ太鼓を打ち鳴らし、恥ずかしいほどの感動に震えていた。それまでのトリなんてものは、肉ランキングでいえば1位の牛、2位の豚に遠く及ばない、永遠の3番手。へタすりゃヒツジや馬、イノシシなんかと争っているレベルだと思っていた。

これが花の都の高級鳥料理店。奥の個室では政治家が談合しているに違いない。そう、信じて疑わなかった店が、チェーン店だったという狂気。もはやあなたがいても歩いていけない東京砂漠、である。

あれ以来、筆者の中に確固たる信念が芽生えた。そう、グッド・チキン、「鳥良」。その昔、中国に馬兄弟という全員が優秀な兄弟がいたそうだが、その中でも最も優れた四男・馬良の眉が白かったことから最も優秀なものを「白眉」と呼ぶようになったという。数多ある鳥料理店の中でも、この「鳥良」はまさに白眉。鳥と馬の違いはあれど、その料理は世界を凌駕する、と。

看板メニューである手羽先の唐揚は2000年代初頭の一般的関東人である筆者にとっては、ナゴヤソウルフードとのはじめての遭遇でもあった（「鳥良」は吉祥寺発だけど）。

時おりしも有名ナゴヤメシ店がぞろぞろと東京に上陸してくる前。それ以前に関東で食べられる手羽先なんてものは、全肉種の中でも「食いづらい部位」の筆頭に君臨するだけの魅力ゼロ食材。しかし、鳥良の手羽先は何から何まで違った。その後、本場のナゴヤで有名店の手羽先を食べた時も、鳥良の手羽先を初めて食べたインパクトには敵わない。それぐらい感動した。

1ヵ月間寝かして作るという特製のタレに、複数のスパイスが幾重にも絡み合ったその秘伝の手羽先は1本で白メシ1杯いけるレベル。

だが、それで白メシを食わせてくれないのが「鳥良」だ。

なぜなら、鳥以外の料理も軒並みレベルが高い。ドテ焼きや季節野菜の胡麻塩炒め、胡麻塩きゅうり。〆の親子丼に鶏ラーメン。鶏ひつまぶしの茶漬けなんてところからデザートまで、出てくるもの出てくるもの、客それぞれに強力な推しメニューがあるほど、それぞれのレベルがとにかく高い。

特に〝ゴドウフ〟とかいう、御母堂だか大宰府だかガットゥーゾの親戚みたいな名前の豆腐。佐賀は有田の名産品らしいが、あれはもはや豆腐とは認識できない。カマンベールチーズかプリンのような食感に超進化を遂げ、濃厚すぎる味わいを口腔内に拡散する豆腐型プルプル兵器。これをそのまま食べるもよし、大吟醸絹仕込みのざる豆腐なんてものでも湯豆腐でもよし。揚げ出しにしても、天ぷらにしても、きな粉餅にしても神が微笑む程の実力を発揮。口の中でも震撼するプルプルの福音は天からの恵みか。どんな形でも味付けでもいける。もはや八百万に宿る豆腐界の神、〝ゴッドとうふ〟と呼んでしまいたい。

焼肉や寿司なんて派手なもんじゃない。地味だと思い込んでいた鳥も豆腐の料理も、調理次第でこんなに美味しくなってしまう。鳥良のそんな実力にベタ惚れしてしまったからなのか、いつしかグッド・チキン鳥良は、良くも悪くも神格化されたゴッド鳥良になってしまい、軽く飲みに行きたい時に気軽に立ち寄れる店ではなくなっていた。一人飲みに適しているわけでもないし。

だが、2012年頃に、ゴッドが地上へ降りてくる切っ掛けとなるようなリリースが天から降りてきた。

食べ放題である。ランチ営業をしている一部店舗にて680円の鶏モモ唐揚、鶏ヘルシー唐揚、チキンカツの三種の定食に200円を追加すれば、唐揚とごはんがいくらでも食べ放題になるというのだ。

鳥の神はわかっている。この世で白メシに最も相応しいパートナーが揚げ物であり、中でも鳥の唐揚げはベストフレンドだということを。

唐揚げはオーロラソース、ポン酢、ユーリンチー、トマトカレー、スイートチリマヨなど全8種。この肉汁だらけの唐揚げ祭りはもはや鳥の祭典・トリノオリンピックと言わざるを得ないのだが、この祭典によ

り、筆者がアゲ奉っていた「鳥良」信仰の敷居をいい意味で下げてくれた。
しかし、それも一部店舗でのランチタイムのみ。日がとっぷりと暮れるとやっぱりオーマイゴッドうふ。となるわけで、やはり鳥良の敷居を跨ぐのは自分にとって特別であり、〆を親子丼にするか、鶏ラーメンにするかでチキン野郎は頭を抱えるわけだ。今年の夏で37歳。財布の中身と鳥良への思いは生涯変わりようがないと思い知るのである。

【文庫版おかわり】最近は同グループ傘下の「磯丸水産」ばかり行く。この浜焼きの店は、カニ味噌の浜焼きなど痛風殺しが揃い、ひとり飲みには最高なのだが所詮は神に及ばぬカニ。鳥良はランチでの食べ放題は終わったようだが、チキン南蛮や親子丼などはやっぱりレベルが高い。夜の方は40代になった今も特別な日しか敷居を跨《また》げないので好き過ぎて困る。恋い焦がれる思いは変わらず、山海の珍味を食べてきた今でもごどうふを食べると「ハウッ」となってしまう。割と真面目に。

DATA　SFPダイニング株式会社（本社：東京都世田谷区）。1984年吉祥寺に「居酒屋鳥良」（現鳥良商店）として創業。首都圏・大阪に33店舗（系列店を含む2014年9月現在）。手羽先唐揚（甘口・中辛・辛口）480円、ごどうふ480円、親子丼590円など。価格は税抜き。

23

築地銀だこ

美味しく召し上がれますようにッ!!

たこ焼きが好きだ。若い頃は住む町の条件に「安くて、広くて、近くに美味しいたこ焼き屋があるところ」と不動産屋に伝えていたほど、たこ焼きが好きだ。

だが、美味しいたこ焼きといえば大阪と相場が決まっている。大阪城の一番大きい石は蛸石と呼ばれ、岸和田には蛸地蔵なんてものがあり、和泉市の池上曽根遺跡からは弥生時代の蛸壺が出てきたっていうぐらいなんだから、そらもう歴史からして違う。大阪府知事も「タコ」と呼ばれた横山ノック氏が務めていたし。

たまに関東圏でウマい逸品に出会ったとしても、店の主人は9割8分関西人。材料なんて大した差はないだろう。なのに、外はふわふわ、中はトロトロ。安くてウマくて、ついでに「大阪」のプラシーボ効果も抜群とくれば、我が国のコナモノ勢力は大阪独占も止む無し、致し方無し。かないまへん！　関東人なぞはくっさい納豆でも喰うときますわぁ。……と、卑屈にならざるを得なかった関東のたこ焼き好きに反攻の旗手、ジャンヌ・ダルクが現れた。

97年、群馬県のとあるスーパーで産声をアゲた「築地 銀だこ」である。いや、ジャンヌ・ダルクでは語弊があるか。彼女は火あぶりとなり命を落としたが、このジャンク・ダコは油で揚げて100年の命を得たのだ。

掟破りの〝揚げタコ〟である。外はカリカリの中はトロトロ。ふわトロという相反する二つの食感を揚げることでより強固に押し出せるカリトロのハーモニー。

思い起こせば80年代後半。筆者が史上最も愛した地元である茅ケ崎市は円蔵中学校前で営業していた、たこ焼き屋「カンノ」をはじめ、これまでに「揚げタコ」を出すレジスタンスが各地に点在したようだが、それらのカリトロを最高の形で結実させた「銀だこ」は、筆者が高円寺に上京した98年に、時を同じくして隣町の中野サンモールへと出店。東京進出の第一歩を記した。

はじめて口にしたのは、冬の頃だったか。当時の筆者はことごとくアルバイトの面接に落ち続け、世間からいらない人間として断定されたと、卑屈になるしかなかった暗黒時代。あの時に出会った「銀だこ」の衝撃は未だに忘れない。

まず驚いたのは行列の長さだ。たこ焼きがこれほどの列を作るのかと感心するほどの長蛇の列。幸い無職のため時間だけは死ぬほどあったので並んでみると、列が進むたびに徐々に見えてくる、ガラス越しの職人。たこ焼き作りの実演である。あれは極上のショータイムだった。行列の目の前で繰り広げられるたこ焼きづくりの工程も、これまで見慣れたなんてこと無いルーティンが、まさかの油投入で空気が一変。ジュワーというBGMに合わせてたこ焼きの群れが踊り狂う。それと同時に、職人の返し棒の速度がアガッた、店員のテンションもアガッた、凝視するオーディエンスの期待度も明らかにアガッて「オォ!」なんて声までアガッちまってる。

できアガッたたこ焼きはお舟に乗せられて、揚陸艇のようにシャーシャーとレジ横へ流されていく。青のり、鰹節、マヨネーズ、それらが次々にコーティングされて、現物を手にすれば、トドメとばかりに、レジのおねぇさんが菩薩の笑みを浮かべてのたまう。

「美味しく召し上がれますように」

まさか。耳を疑った。確実に聞き間違えだろうと反省した。こんな……ごはんに魔法の呪文を掛けてくれることを許されるのは、おばあちゃんか、母親ぐらいのもんじゃないのか。

職も決まらず世の中をハスに見て、退廃することが美徳と思っていた24歳の筆者は、その瞬間、涙がこみ上げてきた。何故、初対面のおねぇさんが世間からつまはじきにされたボロ雑巾に魔法の呪文を唱えてくれるのか……まぁ、お客様だからなんだろうけど。マニュアルなんだろうけど。

その味も衝撃だった。涙を溜めながら食べたそのたこ焼きのカリトロが過ぎるギャップも、竹の舟の上に3×2で並んだその左右両サイドに1つずつおまけのように足されたたこ焼きのお得感も、何もかもが衝撃的だった。

やがて「銀だこ」はメディアでも話題になり、高円寺にも店ができた（現在は閉店）ので、「銀だこ」の列に並ぶことは日課となった。基本的に行列に並ぶことなんて大嫌いなのだが、「銀だこ」の行列はまったく苦にならなかった。実演が楽しいということもあったが、関東のたこ焼きに並ぶという、誇らしさのようなものも少なからずあったかと思う。その後、銀だこは名前の由来ともなった「銀座に店を出すという夢」をも99年に叶えると、圧倒的な速度で店舗展開を大阪も含む全国へと伸ばし、我が国を代表するたこ焼きとなった。

今では「てりたまマヨネーズ」やら「ねぎだこ」なんて、トッピングのバリエーションも豊富になり、営業形態もお酒が飲める「築地銀だこハイボール酒場」や若者向けの「THE GINDACO」なんて店もできている。その分、メジャーになった反動からか、「あれはたこ焼きじゃない」「大阪のたこ焼きより高い」なんて批判も日常的に聞くようになったが、それでもやっぱりあの日、中野サンモールで食べた感動が色褪せることは無い。

こんなことを言うと、たこ焼き素人と言

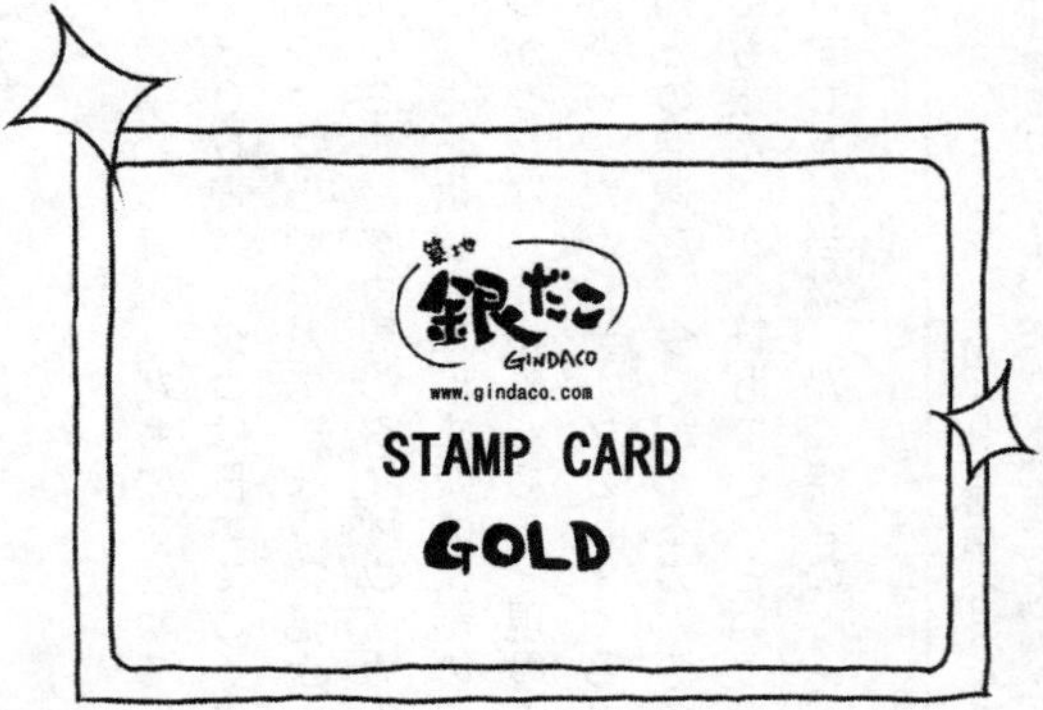

われるのは間違いないが、それでも言いたい。なんだかんだで「銀だこ」が一番ウマい。筆者のスタンプカードはもうすぐゴールドになる。

【文庫版おかわり】銀だこのタコは世界中のタコの中から厳選したものを使っているそうだ。世界中で確認されているタコはおおよそ300種類。タコは日本でこそタコ社長みたいな扱いだが、世界では「デビルフィッシュ」と呼ばれてしまう獰猛かつ知的で危険な生物。ヒョウモンダコは猛毒を持っているし、タコ界のダイオウイカとも言われるミズダコは最大約10mにもなる巨大タコ。さらに世界にはまだまだ謎のタコがおり、クジラの胃袋から15mのタコの足が見つかったなんて報告もある。現段階で最高傑作と思しき銀だこは、そのままの銀だこである。だが、チーズカレーやらネギ麻辣なんて期間限定のトッピングは、毎回が未知との遭遇だ。今を超える力。その可能性という名の内なるタコに。我が故郷茅ケ崎にも銀だこが2軒もできたという。僕は40歳になって、ゴールドカードユーザーになりました。当然、たこ焼きの。

DATA　株式会社ホットランド（本社：東京都中央区）。1991年設立。全国405店舗（2014年7月現在）。ぜったいうまい!!たこ焼550円、てりたま650円など。だんらんパック24個入り1550円。たこ焼き1舟につき特製マヨネーズ又はからしマヨネーズ1つサービス。

24

日高屋

オオカミになりたい

ライターというヤクザな稼業に身を投じて八度目の春。狂ったように咲き乱れるさくらの花模様も目に入らず、ただ飲んでばかりいる。

この春、ずっと書きたかった人物の原稿を、最高の舞台で書かせてもらう機会を頂いた。間違いなく、これまでの集大成となる仕事になる。なのに、臆し、力を出し切れなかった。

原因はわかっている。心の弱さだ。昔から大事な場面になると萎縮する。チャンスで打席が回ってくると気持ちが追い込まれて固まる。いつまで経っても成長が無い。この、弱虫！　鶏肉！　雑巾！

……そんな感じでダメな自分を卑下する毎日。正直、文字を書くことがつらい。なのに、チェーン店？　行かねーよ。「日高屋」だけしか。

最近、頻繁に日高屋に出入りしている。純粋なラーメン店としては使用していない。朝方、飲むためにだ。

日高屋で飲むようになったことに積極的な理由などは無い。新宿の町には日高屋の数が多く、24時間やっている日高屋が何やら目につくため、朝方、ひとりで飲むには丁度いいからだ。

ズバぬけて何かがウマいというわけでは無い。だが、つまみと酒があり、その気になればメのラーメンだって食べられる。これは、ダメな大人にとって有り難すぎる。

安いし。

ひと昔前だったら、酒を出してた頃の「吉野家」がそうだったろうか。朝方の酒を出すチェーン店とは『狼になりたい』で中島みゆきが唄ったブルージーな世界。あっちを見ても、こっちを見ても、行き場をなくした弱い人間の吹き溜まりである。風が吹けば全てが崩落しそうな危うさを持つ人たちが、チェーン店という恒常的な軽薄さの中に没した時の哀しみ。そして、黙って大塚愛の明るい歌声を背中で受け入れる残虐な光景は、朝方のチェーン店に良く似合う。

その空気に身をゆだねてみる。皆が満員電車に揺られている時間、酔い潰れてグダグダになっている自分。誰もが「もう、どうでもいいや」という気持ちになっている空間は、なんだか、とても心地がいい。

考えてみれば人生の転換期の多くは朝方の日高屋でうなだれている。どうして涙が出るのだろう。塩分過多か、〝熱烈中華食堂〞という元気ハツラツの字面につらくなるのか。

先日もグダグダと朝まで飲んでいた。勢いで店員にからみ、「まずくてもいい、自分の作りたい最高のラーメンを作れ」と無理な注文を投げかけた。

文章も絵画も建築も、そしてラーメンも。何かしらのものを作る人間にとって、「自分だけができる最高の作品を作りたい」という野心は、どうしても殺せない感情じゃないかと思う。毎回毎回、本当に画一的な料理しか出さないチェーン店で、自分の可能性を試す機会を与えられない彼らが不憫に思えたのかもしれない。いや、そうやって人を見下すことで自分に与えられた優位性を再確認しようとしたのかも。どっちにしたって最低だ。

そんな逡巡をしているうちに出てきたのは、見事なまでに何の細工も無い、普通のとんこつラーメンだった。腹が立った。お前には自分がないのかと、毎日同じメニューを同じレシピで作ることがお前のやりたいことなのかと。

朝8時、憤慨してラーメンをすする。味も同じじゃないかと思ったら、どうしようもなく泣けてきた。

ふざけるな。どんな場面でも、誰の命令でも、変わらない味を出せるなんて、こんな偉大なことがあるだろうか。日高屋は浮浪者が来たって、内閣総理大臣が来たって、ヘンな小細工もせずに、今食べているこのラーメンを出すことだろう。舞台がどこだろうと変わらずにいられること。それは誇りがあるからできることだ。うすっぺらいチャーシューが泣ける。うすっぺらいのに細工して厚く見せようとしない。何でこんなに堂々とできるんだ。凄えよ。

自分に自信を持ちたいのにそれができない。誰だってそうだ。できるならありのままの自分に誇りを持ち、明るく、楽しく生きていたい。酒に頼らずとも、ひとりでも強く生きていける、孤独な人生に立ち向かえるオオカミの強さが欲しいのに、それができない。わかっている。だから、結局なんだかんだ言いながら、この何度行っても同じリズムを刻む、心地よい無関心の下にまた来たくなってしまうのだろう。

後で知った話だが、日高屋の正式名称は「ハイデイ日高」と言う。由来は「ハイな一日（デイ）を過ごしてもらいたい」という社長の願いから来ているのだとか。

本来の日高屋ってのは、お天道様が昇ったハイデイにサラリーマンや家族連れが多数訪れ、幸せな食卓を提供してくれる店だ。それでありながら深夜から朝に掛けては、やさぐれた人間の心の休息地ともなってくれる。いつかハイデイに日高屋へ普通に行けるようになりたい、と心から願う。

【文庫版おかわり】そういえば以前「日高屋は必ず吉野家やマクドナルドの近くに出店する」という経済誌の記事を読んだ。牛丼界とファストフードで圧倒的な力を持つ両社の近くへの出店は一見無謀にも思えるが、そこに通う客とて3食は行かないだろうと、こぼれてきた客を狙うという「コバンザメ戦略」。弱者の兵法とも呼べるこの出店方式を知り、またしても感動してしまった。ヘンなプライドなんてクソの役にも立たない。やっぱり日高屋さん、最高だ！　さらに最近では「焼鳥日高」なる完全に飲みに特化した日高屋が目立ち始めた。こちらは焼き鳥、もつ煮込みなどがメインで、立ち飲み形式を取る店舗もある。これは酒飲みにはとても有り難い……のであるが、個人的にはあの新宿の日高屋で荒れて暴飲していた頃に肝臓を壊して以来、酒を控えている身。日高屋はやっぱりあの日高屋こそが至高で、この頃は午後の時間帯などに近所の日高屋でポテトとコーラを注文し、打ち合わせに使ったりしている。ラーメン屋、居酒屋、喫茶店。使い勝手最高。可能性無限大。人生のハイデイを日高屋で見つけたい。

DATA　株式会社ハイデイ日高（本社：埼玉県さいたま市）。1978年設立。首都圏に356店舗（2015年2月現在）。グループ店舗に「来来軒」「焼鳥日高」あり。中華そば390円、とんこつラーメン420円、餃子（6個）210円、ハイボール270円、キリン一番搾り生中310円など。

25

ジャパニーズ中華大戦争
バーミヤン

本当ならば今頃は、旅に出ているはずだった。なのにまだネズミが這い回る新宿の薄汚いアパートの一室でせこせこと原稿を書いている。本当ならば旅先での珍味に舌鼓を打っているはずなのに、今日も近場のファミレスでドリンクバー三昧だ。どこかへ行こう、どこへ行こうかと思案しているうちに、気がつけばタイミングを逸してしまっている。ゴールデンウィークもいつもと同じ、事務所の押入れで目覚めては、社員らに「道具も愛想も夢も無いドラえもん」と陰口を叩かれる毎日。

周囲の人間はみんな海外やら地方やらへ遊びに行っているし、嗚呼、独り身にとって〝ファミリーレストラン〟という響きは、なんて残虐な影を心に落とすのだろう。

考えてみれば、この連載で取り上げる店のほとんどがファミリーベースである。被害妄想気味の32歳は毎月毎月、店員や他の客の目に怯えてドリンクバーの列に並ぶ。「あら、あの髭の男、一人でパフェ食べてるわよ」なんて半笑いで囁いている気がする。そうさ。俺はプリンパフェ好きの嫌われ髭男。カラメル臭い体臭まき散らし、幸せそうなファミリーに「見てはダメ！」のブラインドされる卑下男。何さ俺ばっかり。俺ばっかり。キー！

というわけで、唐突だが中国だ。現時点での「世界嫌われ者ランキング」において、今の中国に勝てる存在はなかなか見つからない。かの国の世界からの嫌われっぷりたるや凄まじく、環境問題やら、エネルギー問題やら毒ギョーザやらチベット問題やら、聖火リレーやら、そこは悪事の四次元ポケットが如く出るわ出るわ。

これだけネガティブな要素が出揃えば誰も中国へ行こうなんて思わない。いや、それどころか以前、大問題となった毒ギョーザ事件の影響は、横浜の中華街をはじめ、多くの中華料理店にも大打撃をもたらしたのだとか。

ならば中華料理のチェーン店はどうか。中華のチェーン店といえば、日本人のほとんどが「バーミヤン」を思い浮かべるのではないだろうか。

ファミリーレストラン界のキング・オブ・キングス「すかいらーくグループ」の中華部門に属し、「ガスト」、「小僧寿し」に次ぐ同グループ第3位の規模を持つ全国展開のマンモスチェーン。これをそのまま「ミスター味っ子」の味皇料理界で例えるとするならば中華料理部主任・米本精道である同店は、日本におけるモストフェイマス中華料理店と言っても過言ではない。

しかし、一般市民が行くような町の中華料理店は抜きとして、本格的な中華料理を食べようとすれば、とにかく高くつくものである。

そりゃ、単品のラーメン、チャーハン、レバニラ炒めで満足できればいいだろう。

しかし、我々勤勉なる日本人は目の前に鎮座する回転テーブルがあれば「しっかり回さなければならない」という義務感に駆られてしまう。

気がつけば、エビチリやら春巻きやらピータンやらを頼んでしまい、さらに紹興酒やらチンタオビールやら、お口直しに中国茶やらの飲み物、杏仁豆腐やらのデザートなどを、卓上でグルグルグルグル回している。そうやって、出てきたお会計も火の車で目玉がグールグル……あのテーブルは回る度に金額が増えていくシステムだとふんでいる。

「バーミヤン」最大の特徴は、エビチリやら麻婆豆腐やら点心やら麺類、一品料理やらの本格的な中華料理が、「安く」食べられるということ。この時世で北京ダックが699円で食べられる店なんて、北京五輪の特需で便乗値上げ甚だしい中国にもありゃしないだろう。

しかも、ファミレスという形態にもかかわらず1500円程度でコース料理まで用意しているのだから恐れ入る。最高クラスの9品コースでさえ2500円程度。そのへんは流石、低価格路線で一世を風靡した「ガスト」を抱える「すかいらーくグループ」である。

そして、業界内でも〝最強〟との呼び声高いのが、〝ドリンクバイキングである。その種類の豊富さたるや中国大陸に散らばる多民族が如し。特にコーナーに授けられた「バーミヤン」のそれをそんじょそこらのドリンクバーと同じにしてはいけない。そ中国茶は、ジャスミン、黒豆ほうじ茶、黒豆烏龍茶、凍頂高山茶、鳳凰水仙茶、ライチ紅茶などなど、爽健美茶も裸足で逃げ出すバリエーション。

　女性に敬遠されがちな中華料理の衛生面も問題なし、毒ギョーザ騒動への対応も「バーミヤン」のみならず、すかいらーくグループ全店が中国製食品の使用を迅速に停止。徹底的に中華料理が敬遠される要素を廃し、痒いところに手が届くサービスを施した。安くて衛生的でウマい「バーミヤン」という形態は、もはや中華料理にあらず。中華風日本料理と言えるだろう。

　聞けば北京五輪を観に世界から訪れる観光客たちは、安全安心を求めて日本に宿をとった人も多かったと聞く。彼らが万が一バーミヤンへと足を向けていたのであれば、それぞれの国へ帰国後、こう言ったに違いない。

「中華料理は日本に限る」、と。

北京ダック　¥699（税抜）

【文庫版おかわり】毒ギョーザ事件で失墜した中華料理へのカウンターとして、その価格帯や安全性などに再評価の声が高まった〝ジャパニーズ中華料理〟「バーミヤン」ではあったが、2005年に47都道府県出店制覇を果たして以降は、店舗数を徐々に減らし、現在は北海道・東北・九州から完全撤退。他の店舗も閉店や「ガスト」に転換するなどで、総店舗数を全盛期の約半数に減らした。2000年代後半は状況を打破すべく営業形態を「Sバーミヤン」、「炒飯屋エスバ・中華エスバ」、そして高級志向の「NEXTバーミヤン」などを展開。テコ入れを図ったが、どれも不発に終わり結局はバーミヤンに戻ってしまったようだ。メニューを見れば餃子や麻婆豆腐、担々麺とか回鍋肉とか、個人的にはかなり好きな部類である。そこにランチでラーメン、餃子、チャーハンとガッツリ食べて999円の定食や、新たに火鍋しゃぶしゃぶの食べ放題（+400円で中華料理も食べられる）が加わり、それぞれを見るとそんなに悪くない。このまま本家アフガンの石仏のように、爆破され失われてしまうには、あまりにももったいない。再起を願う。

DATA　株式会社すかいらーく（本社：東京都武蔵野市）。1962年設立。全国334店舗（2016年3月現在）。火鍋しゃぶしゃぶ食べ放題1699円、本格中華長安コース2499円、日替わりランチ599円、餃子（6個）239円など。価格は税抜き。メニュー、価格は店舗により異なる。

26

ケンタッキーフライドチキン

年の瀬のバケツ

日本三大地鶏というのがあるらしい。秋田の比内鶏、茨城の奥久慈しゃも、鹿児島の薩摩地鶏がそれだというが……近頃のグルメ界ではそんな具合に、その土地の有名地鶏というものが持て囃される傾向になっているようである。阿波尾鶏とか。

そんな中「日本で最も好きな鳥はどこの何か？」と問われたならば、筆者は間髪入れずにこう答えるだろう。「ケンタッキー州のフライドチキンだ」と。

日本人のほとんどがケンタッキー州に何があるかと聞かれたならば「フライドチキン屋」と答えるだろう。多分、間違っている。州の鳥〝ケンタッキー・カーディナル〟（赤くて小さくて可愛い鳥）は、カラリとジューシーに揚がるのだろうなと想像しては涎を垂らすだろうが、明らかに間違っている。

つまり何が言いたいかというと、それほどまでにケンタッキーフライドチキンという食べ物が日本で独り歩きしているということである。呼び名ひとつをとってみても、本場アメリカでは〝ＫＦＣ〟という略称で呼ぶが、日本は「ケンタ」である。元エスパルスの長谷川かノアの小橋を思わせる日本人的名称を持つそれは、食卓への起用法も本場とはまるで違う。

最たるものはクリスマスにケンタッキーを食べるという習慣だろう。今や正月の雑煮、七五三の千歳飴にも及ばないものの、十五夜の団子ぐらいなら勝てそうなぐらいの日本の慣例食に成長してきたと言っていいだろう。

ちなみに日本で最もケンタッキー消費量が多い県は沖縄県なんだとか。かの地ではクリスマスだけではなく、お正月に誕生日に入学・卒業式などお祝いのある日にはケンタッキーが並ぶのだとか。さらにお歳暮、入院見舞い、結婚式の引き出物に引っ越しの挨拶なんてことにも使われる。俄かには信じ難いが、実際に沖縄の友人はケンタッキーをおかずにして白メシを食べていたし、文化の違いはこんな狭小の島国でさえ起こるということだ。

アメリカ人から見たら日本人がクリスマスにケンタッキーを食べる習慣も同じこと。帰国子女にして当連載担当編集の久保などは「アメリカにいた頃はクリスマスにケンタッキーなんて食べたことがない。七面鳥が常識だろ」と北区民の風上にも置けないブルジョアコメントと共に、昨年のクリスマスは「ケンタ」でプレミアムチキンを食していたようだが、なんにもわかっとらん。さらにアメリカ人は「クリスマスの聖なる夜にあんなファストフードをありがたがって食べるのは日本人ぐらいだ」とのたまっているようだが、こちとらキリストよりカーネルの方が親しみがある民族、晩餐のテーブルには「ケンタッキー」のパーティバーレルのバケツに心躍らせるのが、日本のクリスマスであり、食文化なのである。日常的にケンタッキーを食べているアメリカ人にその高揚感はわかるまいて。

ちなみにレシピなどは同じだろうが、海外ものと日本の「ケンタ」では中身も違っているようだ。使用される「オリジナルチキン」と呼ばれる鳥は国内産。国内に30以上あるという契約農場で、4種の天然ハーブとビタミンEを加えた餌で大切に育てられた生後4ヵ月の柔らかい若鶏なのだとか。

確かに「ケンタッキー」の肉は柔らかくて美味しい。ドラム（足）、キール（胸）にリブ（あばら）、ウィング（手羽）、サイ（腰）と5つのピースはそれぞれに特徴があって好みは分かれるところだが「どこが一番好きか？」と聞かれりゃ、「皮」と即答せざるを得ない。無粋であることは重々承知。あの皮は他の鳥料理にも類を見ない絶品。そのレシピは一子相伝、門外不出ともいわれ、それを記した「秘伝の書」らしき何かは、今もケンタッキー州のどこかに厳重に管理されて眠っている——。

あの皮はそんな都市伝説がまことしやかに語られるほど、オンリーワンの存在であり、かつ類似するものも出てこないという謎の存在オーパーツ。「ＫＦＣ」ってのも「ＪＦＫ」ぽいし、国家機密級の陰謀論がありそうでもある。

なんてことを熱弁したくなるほど、あの皮はウマい。ハーブやらスパイスやらが幾重にも折り重なった複合的な味の広がりと、ひと口嚙めばジュワジュワ〜と口腔内に滲み出る幸せという名のアブラ。あれがいい具合に沁み渡り、やがて胃袋から胸にまで浸透し、胸やけという名の結末を迎えるまでむさぼり食べたい衝動に駆られるのだ。それが年に数回やってくる「ケンタが喰いたい」というあの禁断症状を引き起こすに違いない。そういう意味では、大阪の箕面市にあるという1290円でケンタッキー60分食べ放題をやっている伝説の「カーネルパフェ」は、富士山・伊勢神宮と同じく日本人なら死ぬ前に一度は行ってみたいスポットだ。その場所に行ったなら、あの皮だけをひたすらひんむきたい。丸裸にされたチキンを並べて「そのまま帰れ」と辱めてやりたい。やはりケンタは皮なのだ。あの皮こそがケンタの存在価値。生まれてこの方、そう信じて疑わなかった。だが、先日。ひょんなことから、市販のチキンにケンタの皮をかぶせた〝カブセ皮ケンタ〟をやってみたところ、これが、まったく別のフライドチキンに変化。同じ皮のはずなのに、まるで相撲取りがレオタードを着たような違和感に襲われた。

ちょっと待て。丸裸にされた鶏さんたち、カンバックだ。「ケンタ」の皮には「ケンタ」のチキンでなければ成立しないのだ。すまなかった。ずっとそばにいてほしい。

そんな麻薬的幸せに包まれる相性抜群のチキンが、一年に一度、バケツに入ってやってくる。そりゃ12月24日ともなればキリスト様とは何の縁もゆかりも無い我ら無信心民族とて唯一のクリスマスマインドを求め、何の疑いもなく行列を作るしかない。

昨年のクリスマスも並んだ。来年も、その先もクリスマスという行事がある限り、行列の中に筆者はいるだろう。そして、クリスマスが終わった途端に、CMで一斉に流れる「お正月もケンタッキー」の大合唱。おせちも見なくなったこの頃である。世代の変わる10～20年後には、ケンタがおせち料理の主役を奪っているかもしれない。

【文庫版おかわり】ケンタッキーの味を思い浮かべたら最後。絶対に行きたくなってしまいます。想像してしまった場合コールスローサラダで打ち消してください。

DATA　日本KFCホールディングス株式会社（本社：東京都渋谷区）。1970年設立。1号店は同年11月、名古屋に開店。全国1155店舗（2014年4月現在）。オリジナルチキン（1ピース）250円、（10ピース）2450円など。メニュー、価格は店舗により異なる。

27

てんや

テンテン、ドンドン
テンドンドーン！

今が西暦の何年なのだかしらないが、気がつけばいつも年末である。光陰如箭。変わり映えのない生活のせいか、ここ数年は時間の経つのが異様に早すぎる。ゆく年、来る年、同じ年。毎年毎年12月になれば脊髄反射で「ケンタッキー」の行列に並び、紅白見ながら年越しそばをすすり続けて幾十年。

年中しみったれた食生活を送る筆者とて、一年の最後の食事となる年越しそばぐらいは奮発することに決めている。でなきゃ新しい年に希望なんて持てないもの。そう。「一杯のかけそば」に毒された世代の人間としては、「一年の充実度が年越しそばに象徴される」という強迫観念があって、年越しそばがしみったれると、新しい年までしみったれてしまう気がしてくる。なので、せめて大晦日ぐらいは天ぷらそばなぞ食べようと背伸びをするわけだ。とはいえ、一人身では天ぷらを揚げるほどのことまでしない。毎年お世話になっているのが「てんや」の天ぷら盛り合わせである。

結局チェーン店か。というなかれ。てんやは筆者にとって特別な店である。単純に値段が牛丼の約1・5倍ということもあるが、節操なく勢力を広げる牛丼屋とは違い、店舗は首都圏のみ、東京でも23区に集中するという展開は、神田の職人に「てんやのねぇ町なんざド田舎よ」と言われているような、江戸っ子の矜持を感じさせる。

さらに24時間営業なんて野暮天はしない。お天道様が上った昼前に店を開け、0時前には店を閉める。だからなかなか見つからないし、夜中に天丼を食べられない。故にジャンクっぽさがなく、チェーン店なのに粋な感じすら漂う二律背反この不思議。

元々、天ぷらは江戸の町では屋台で食べられていた庶民食だというが、そこはスシ、ゲイシャ、フジヤマらと並ぶニッポンの代名詞名物。どうしたって〝高い〟のが必定。人生で一度だけ、天ぷら職人が眼前で揚げてくれる高級天ぷら屋に連れて行ってもらったことがあるが、会計時にチラ見した値段はおよそメシのモノではなく、家賃とか中古車のレベル。いくらチェーン店とはいえ「でもお高いんでございましょ」という奈美悦子の囁きがどうしたって聞こえてくる。

てんやの天丼、５００円。これ、安すぎるだろ。どうなのだ。天丼を夷狄《いてき》の牛と同列に語れば高いとなるのかもしれないが。タネの鮮度、揚げの技術、タレの濃度、米との相性。それらを長い年月を掛けて磨き上げてきた天丼という日本文化。その精度を崩さず、素人バイトにも作れ、さらにリーズナブルにというチェーン化に最も難しいであろう天丼を、この値段でここまでの形に落とし込めた奇跡。それは林立する牛丼チェーンと比べ、天丼はほぼてんや一店でシェアを占めていることが雄弁に物語っている。

芸術品然とした最高級の天丼とは比べるものではないが、てんやの天丼は、下手なそば屋より確実に満足できる。というか、庶民にはこれで十分ウマすぎる。

ノーマルの天丼でも、海老、キス、イカ、カボチャ、インゲンという「十字軍」のテンプラ……いや、テンプル騎士団並みの充実の布陣。これらが揚げ立てで出陣してくるだけで素晴らしいのだが、更にホタテや大イカなど天ぷら界のスターたちによる〝夢の丼宴〟「オールスター天丼」（720円）になれば小さな竜宮城ですよ。

それでも喰い足りなければ、そば・うどんのセット。さらに飲みたい日は天ぷら盛り合わせ＋生中（580円）が最強すぎる。テーブルに常備された漬物もタレによくあった〝わかってるチョイス〟と、いろいろと痒いところに手が届く。

そう「てんや」は、一時は高級和食の域にまで高められた「天ぷら・天丼」を、江戸の時代の庶民食に返してくれた功労者。それでいて「牛丼みたいなアバズレとは違うわよ」ともいうべき誇り高さを漂わす故に、心酔する熱狂的なファンが多い。

その代表格が2011年5月に「てんや高円寺店」で出会ったてんや好きが結成したというバンド、その名も「エビメタ・バンド」。メンバーは修・リンプ（Vo）、オマール（Gt）、EVY（Ba）、高角塁（Dr）、シャチホ子（Key）というエビ編成。なんのこっちゃ。

彼らが愛して止まないてんやを歌に込めたデモテープを本社に送りつけたところ、てんや社長は「君たちは天丼界のフランシスコ・ザビエルだ」と意味不明の絶賛。ホントに一体なんのこっちゃ……なのだが、エビメタは「てんや」の全面バックアップを勝ち取ると、2012年の2月に第1弾シングル「HIYASHI－TENCH

A」第2弾「TORI-TENDON」、第3弾「EBIEBI-TENDON」でメジャーデビュー。「牛丼NO 肉まんNO」とシャウトする天丼バンド。ここまで来ると、やはり天丼はイチイチ手が込んでいると唸るしかない。ツイッターを見れば「てん娘ちゃん」なる萌えキャラも登場した。「てんやなう」と呟けば、お礼のリツイートやクーポン券がもらえたりと「てんや」は天ぷら天下唯我独尊とも言うべき時代に即した独自展開をしている。

何も変化のなさそうな天ぷら・天丼も、時代と共に移り変わっていく。新しい年がどんな年になるか知らないが、もはや何が来ても驚かない自信だけはある。

【後日談】この回が「散歩の達人」に掲載された直後、筆者のツイッターへてん娘ち

やんから御礼を頂戴した。WEB上だけでなく、紙媒体までくまなく目を通し、著者をサーチ&感謝するてん娘ちゃん萌え。「無添くら寿司」のむてん娘に負けず頑張れ！

【文庫版おかわり】エビ、キス、ホタテ、イカ、れんこん、まいたけ、かぼちゃ……。そんな彼らが舞い踊る天ぷらの盛り合わせを肴に一杯やっていたら、気がつけばまた年末になっていた。月日が巡るのは本当に早い。独り身でてんやに通っていたあの頃とは違い、今は3歳の子持ちである。相変わらずてんやは唯一無二の存在として月に2〜3回は通っているのだが、この店は変わらずに心地がよい。毎年、てんやでエビやホタテの舞い踊りを見ては、今年も早かったと驚嘆して年を取っている。一説によれば浦島太郎の物語はタイムトラベルの話だというが、てんやという竜宮城で俺は年を重ねている。そういえば単行本が出た時も相変わらずてん娘ちゃんから感謝のメッセージが届いた。彼女は俺の乙姫様だ。今年の大晦日も一人ぼっちだと嘆いているあなた。大丈夫。てん娘ちゃんだけは見守ってくれている。

DATA　株式会社テンコーポレーション（本社：東京都台東区）。東京23区を中心に直営店141店舗（2015年12月現在）。天丼（並）500円、元祖オールスター天丼（並）730円、海老野菜天そば780円、どんぶりメニューは＋180円で定食に、＋310円でそば・うどんセット等に変更可能。

28

どん亭

薄い肉への煮え切らない思いも固めてドボン

冬である。イルミネーションきらめく町からは、陽気なクリスマスソングが聞こえてくるこの季節。一年のうちで最も仕事が忙しく、教師も廊下を走るほどテンパってしまう一方で、浮かれた人間がウヨウヨと町に異常発生する師走というものが大嫌いだ。さらには、そんな奴らに混じって2時間待ちの「ケンタッキー」に並んでしまう自分がもっと嫌いだ。

いつもはそんな侘しい年の瀬を過ごしているのだが、今年はホットな出来事があった。先日、某一流企業に勤める友人と夕飯を共にした。今にも雪が降り出しそうな寒い夜。どちらが言い出すでもなく「しゃぶしゃぶでも行きますか」ということになり、たどり着いた先は高級料亭然とした佇まいのしゃぶしゃぶ屋。値段を想像した途端におなかが痛くなったのだが、おごってくれるというので、ご好意に甘えさせていただいた。

お品書きを見ると、前沢牛やら、米沢牛やら、松阪牛やら黒毛和牛の日本代表戦かと思うような夢のフォーメーションが組まれている。やっぱり、松阪と神戸のツートップかね。なんて言いながら頼んでみると、これがまぁ、ウマいのなんの。さっと湯にくぐらせただけで口に入れたそれは、サシが口の中で雪のようにとけていく。しかも1皿4〜5枚しかないもんだから調子に乗ってじゃんじゃん肉を追加。回転寿司なみに皿が積み上がった宴の終盤、会計の額を覗き見て、冗談じゃなく狂牛病の牛のよ

いたのだ。そこには、うちの母の1ヵ月分のパート代を超える金額が記されて

それを見て痛切に感じた。「勉強して一流企業に入れば、将来が安泰だとか、給料がたくさん貰えるとか、そういう大枠のことではなくて、高級しゃぶしゃぶが経費で食べられるとか、女子アナと合コンできるだとか、身に起こる具体的な利益を子どもの頃に教えてほしかった」……と。

しゃぶしゃぶだ。この料理は肉の質量に対しての金額がどうしても割高に思える。300グラムのサーロインステーキなら納得もいく。だがいくら極上とはいえ、向こうが透けるほど薄くスライスしたピラピラ肉が何故こんなに高いのか。

今となってはひとつの肉を「しゃぶ、しゃぶ」と上品に湯にくぐらせていただく思わせぶりな所作やら、偉そうな煙突が付いた銅の鍋など、その料理の節々にブルジョアの脅威を感じさせてくれるが、この「しゃぶしゃぶ」も、そもそもは夏場に焼肉が売れないため、苦肉の策で生まれたもの。焼肉屋の厨房で雑巾を水にくぐらせていた姿から生まれたという、とんでもない成り上がり野郎なのである。

この「しゃぶしゃぶ」という高級料理の不条理。しかしそれを逆手にとったチェーン系の店舗というのが近頃街道沿いによく見られるようになった。

しゃぶしゃぶチェーンの開祖ともいうべき「木曽路」に、牛角系列の「温野菜」、

そして埼玉チェーンの雄「ステーキのどん」系列の「どん亭」である。

「どん亭」にはじめて訪れたのは一昨年の冬だったか。肉食べ放題というその費用対効果の高さに心奪われたことは当然。飲み放題と、系列のフォルクスが日本ではじめに採用したサラダバーというファミレス仕込みのキラーコンテンツ。さらにはソフトクリームまでがおかわり自由（しかし、おかわりするやつは滅多にいない）とまさに「放題天国」のこの店に、薄さ＝高級感と言い出しかねないしゃぶしゃぶへのカウンターとして、トキメキを感じずにはいられなかった。

しかもその肉も食べ放題店にありがちな端肉ではなく、単品で販売するものと同じ。豚ロース、牛ロース、特選牛ロース、極上牛ロース、特選黒毛和牛が2000円～6000円までと幅広く、さすがにブランド牛にはかなわないが、質も悪くない。ゆずの利いたポン酢とゴマだれもいい塩梅だ。

これら次々と運ばれてくる肉に対し、一枚一枚丁寧に「しゃぶ、しゃぶ」などとはやらない。何せ食べ放題だ。あのうっすい肉に「貴様などこの程度の薄い奴だよ！」と乱暴に「ぼちゃぼちゃ」とやれる喜び。アクを取らずにいると、まさに雑巾を洗ったような先祖返りと……いや、さすがに雑巾という表現はどうかと思うが、育ちのたいしてよろしくない人間にとって、山のように肉があるということに勝る幸せなんて、人生のうちに経験するすべてのクリスマスの名場面を足したって、なかなかにあり得ないと言い切ってもいいだろう。

さらに、公式には反則かもしれないが、複数で行けば同じ値段のすきやきも同時に注文ができたのである。即ち、すきやきとしゃぶしゃぶが同時に食べ放題という、罰当たりな幸せを享受できるのだ。かつて明治の人はザンギリ頭を叩いた音に文明開化を感じたそうだが、平成の人はぼちゃぼちゃという音に「しゃぶしゃぶ」の夜明けを見るのである。

そんな幸せを享受しに来たのか、店内には、幸せそうな家族連れや、若いカップルに紛れて、ちょろちょろと男のひとり客の姿が見える。

世間は年の瀬である。このチェーン店にも、それらしく陽気なクリスマスソングが流れている。この状況で「ひとりしゃぶし

ゃぶ」なんて虚しすぎて具合いが悪くならないのかって?

The answer is blowing in the meat.

答えは肉の中にある。肉に吹かれて腹いっぱい肉が喰えれば、人生はある程度幸せだと。

そんな言葉がボブ・ディランの鼻に掛かった歌声で脳裏を過ぎった瞬間、もうちょっとだけ頑張ってみようかと感じた。来年はいい年になれば、と鍋に願う。

【文庫版おかわり】それにしてもここのところの外食産業における「しゃぶしゃぶ食べ放題」の激増ぶりに驚く。和食の「さと」や「夢庵」に中華の「バーミヤン」までがぼちゃぼちゃとやってしまっているわけだが、そんな中、〝しゃぶしゃぶ専門店〟であるこのどん亭は昼時に「定食食べ放題」をやりはじめた。950円で惣菜とサラダバー、ごはんなどが食べ放題。同じ品目を提供するという〝定食〟の定義には、食べ放題も含まれるということをはじめて知った。食と人の消耗戦は続く。

DATA　株式会社アークミール(本社:東京都中央区)。旧株式会社どん。1976年ステーキのどん1号店出店。全国57店舗(2016年2月現在)。黒毛和牛ロース定食3290円。特選牛食べ放題コース2990円、+お寿司食べ放題580円、+デザートバー780円など。価格は税抜き。

29

ドキ！
野菜だらけのサラダウォー
Sizzler

前の連載も含めると3年近くチェーン系飲食店の連載をしてきておいて、今更なんなのだが、最近になって「Sizzler」というファミリーレストランを知った。

いや、厳密にいえば以前から見知ってはいたのだが、認識がまるで別の店。即ち「Saizeriya」と読んでいたのだ。いや……さすがに「サイゼリヤ」そのものとは思いませんとも。あれは黄緑だけどこっちは真緑。同じ系列、いうなれば「すかいらーく」でいうグリルとかガーデンとか、そんなバージョン違いの上位変種「サイゼリヤ」ぐらいの勘違いなので、高校時代に英語が2だったとかは関係無い。そんな「Sizzler」とかいうしずかちゃん好きのペドフィリアみたいな店名を言われたって困るわけで、どうせなら1、2、Sangariyaぐらいわかりやすくやってほしいと思う。

で、その「シズラー」(まぎらわしいのでカタカナにする)。先日ついに初入店を果たしたのだ。もちろん「サイゼリヤ」のつもりで。

日曜日の横浜ランドマークタワー。久しぶりに会った友人と「コーヒーでも飲もうか」とかるーく入店したのが間違いだった。

やけにフレンドリーなウェイトレスさんに渡されたメニューを見た瞬間、本気で二度見した。前のめりに卒倒しかけた。

無い。無い。無い。コーヒーが無い。軽食が無い。一番安い値段を探しても3桁が見当たらない。全部2000円以上する。どうなってんだ? 視線を泳がせながらカワイイウェイトレスさんの顔をチラ見する。目があった。凄まじい笑顔。この悪意のない微笑み返し……温泉街のきったないスナックで3万ボラれた時の狡猾婆とは違うと信じたい。人を信じたい。

「俺、ダマされてる？」

冷や汗が流れる。日曜の真っ昼間、ここは横浜ランドマークタワーのド真ん中だ。家族連れやカップルたちの笑顔に囲まれて、何故俺はひとりだけボッタクリ遭遇時のビターフェイスをしているのか。日常の中の落とし穴にすっぽりとハマってしまった世にも奇妙な物語。どうしよう。どうしよう。

「サ、サラダバーをください」

しょうがなく、最安値のメニュー「ホリデーランチサラダバー」２１８０円也を頼んでみる。これにしたって「フォルクス」や「ビッグボーイ」などの一般的なサラダバーならば単品で６００円前後、セットで頼めば３００円程度である。もう、顔色が真っ青を通り越してサニーレタス色になりかかる筆者に対し、ウェイトレスさんは相変わらずの笑顔で「料理を頼んだ方がお得ですよ」とさらなるご注進。メニューを見ると、ハンバーグステーキ２７８０円、リブステーキ３０８０円とある。これもまたいい値段。しかしこれらには全部サラダバーが入るというから２１８０円を引いた値段が料理の値段……なんだろう、この料理を頼んだ方がお得な感じがする幻惑的な感覚は……。

俺はコーヒーを一杯飲むつもりで入ったのだ。なのにどうしてだ。今、目の前にはジュージューと音を立てるステーキが並べられている。世にも奇妙が過ぎるだろ。

しかし、そんなものは序の口。サラダバーへ入ると、愕然とする。

こんな凄まじいサラダバーを目にしたのははじめてだ。生野菜に温野菜。惣菜コーナーで売ってそうなデリサラダの類まで。野菜の海で溺れるとすればここしかないと思えるシズル感バリバリ野菜果物のバリエーション。この野菜という孤独な海に立ち向かい、生野菜などガリガリと食い散らかしてしまえ！　そうさオマエがキャプテン・シップ。オブベジタブル。

それだけじゃない。パンにカレーに、トルティーヤ、ナチョスにタコチップ。グラタン、パスタに、ドリンク・デザートの類はチョコレートファウンテンなんてものまで。これなら2000円超えも止む無し致し方無し――。そう思わせてくれる圧倒的物量。これはサラダバーの範疇を超えている。もはや戦争だ。サラダウォーぐらいの勢いだ。バーリバリと野菜を喰いたい。ガーリガリと果物にしゃぶりつきたい。そんな食物繊維の鬼や、腹いっぱい食べたいベジタリアン（そんな奴いるのか？）、過食症気味のダイエッターなどの希少種の人たちにはこれ以上無い野菜偏重の幸福バイキングだ。

何度も書くが、筆者は当初「コーヒー一杯」という目的で入店したのだ……それが終始凄い笑顔のウェイトレスのおねえさんに「さぁ喰え、やれ喰え」と乗せられて、ステーキ食って3000円以上払って、詐欺じゃねぇかという感情が湧いてきてもおかしくないような気もするが、これがまるで思わない。これもホスピタリティ抜群の接客故なのだろう。文句を言うどころか……気がつけば5時間もの間、居座ってしまっていた。1日分の食事が全部済んだと思えば安い。そしてこの破壊力、居心地のよさはクセになりそうなほど恐ろしい。もう二度と「サイゼリヤ」と間違えることも、コーヒー目当てで入ることもないが、サイゼリヤと間違えなければ、〝バイキング〟〝サラダバー〟という単語に「ハンニ

バル」で殺人豚が人肉を奪い合うような殺伐とした空気を見出してしまい、敬遠していた可能性もある。

それを思えば勘違いしていてよかった。この「シズラー」はお客さんもまるで森の人のように穏やかで雰囲気もいい。真緑の看板に偽り無し。シズル感ありまくりの「シズラー」。食物繊維欲がシズマランの「シズラー」。筆者はこれまでの悔恨と共に、暫くは「シズラー」ファンのシズラーラーとしてこの店に通うことになるだろう。

【文庫版おかわり】当初は店名でサイゼリヤ系列なのかと間違えていたが、国内の運営を調べてみると「株式会社ロイヤル」なるロイヤルホストの会社。なるほどどうして、サイゼリヤとは正反対、内容的には「緑のロイヤルホスト」といえなくもないといたく納得。さらに2010年からはグループ傘下のアールアンドケーフードサービスが運営。こっちはシェーキーズの運営と実は筆者的にはファンになるのは必然だったと知る。ちなみに国内は9店舗だが海外は300店舗以上あるんだとか。

DATA　アールアンドケーフードサービス株式会社（本社：東京都世田谷区）。1989年設立。東京と神奈川に9店舗（2016年3月現在）。ランチシズラーサラダバー2000円、サラダバーディナー2530円、リブロースステーキ（140g）3470円（サラダバー付き）など。価格は新宿三井ビル店。

30

A&W

ルートビアを本気でウマいという人の気がしれない

今からおよそ15年ほど昔の話である。当時20歳そこそこの若僧だった筆者は、流れ流れて沖縄県は西表島にあるサトウキビ農家で半年間ほど住み込みで働かせてもらっていたことがある。そこでの生活は、イノシシを狩ったり、ハブと戦ったり、ナウシカで見たことがある巨大ムカデと格闘したり。はぐれ者の東大生が竜巻に巻き込まれて空を飛び、首から地面に叩きつけられて「うむ、第2頸椎骨折!」と自己診断する異次元世界。それはそれは野性的かつ、刺激的な日々だったのではあるが、一方で都会的な文化生活はほとんどなく、テレビはNHK、ラジオは米軍放送。商店で買う軽食やお菓子の類も手作りのサーターアンダギーやら、ソーメンちゃんぷるやら喉が渇きそうなものばかりで、ファストフードなんてあるはずも無し。

そんな中、唯一都会的な楽しみだったのが、月に一度の石垣島行き。そこにあったのは、内地の人間には聞き慣れないハンバーガーチェーン「A&W」だった。

この店の名は知らずともルートビアといえばわかる人もいるだろう。「A&W」はあのルートビアを販売する沖縄の代名詞的ファストフード店。そして、実は日本の外食チェーン文化の歴史を語る上でも欠かせない店なのである。〝日本初〟のハンバーガーチェーンは公式的には70年の「ドムドム」、その後が71年の「マクドナルド」が定説である。ところが「A&W」の日本初上陸は63年10月。当時の沖縄は返還前故に非公式となってしまうのだが、「日本人が初めて目にしたハンバーガーショップ」という点では間違いないだろう。

この沖縄のみで展開するハンバーガーショップは、地元民が「エンダー」とホイットニーヒューストンが囁くが如く呼ぶ。その佇まいはまさにアメリカだ。

まずもって広い。ゆったりとした店舗スペースに加えて、一部店舗にある、車で注文し、そのまま降りずに食べられる「ドライブイン」なるシステムは、その概念からして土地の狭い都心部では考えられないメリケングラフィティーな世界。

その昔、別の契約会社が東京や神戸などに出店して全滅したそうだが、さもありなん。やはり「Ａ＆Ｗ」はスピード重視な日本的な土地よりも、沖縄というのんびりとした独特の風土でこそ発展したといえる。だからこそアメリカ、そして沖縄が融合した独特の文化を保ち続けることができたのだろう。

昔のウチナンチュは、闇夜にネオンを照らす店にアメ車で乗り付け、ハンバーガーをいなせに食べる米兵の姿に憧れ、「Ａ＆Ｗ」へ通ってはルートビアを鼻をつまんで飲んだとか。

涙ぐましい……何ってそりゃ、ルートビアである。おそらく日本上陸以来ずっと賛否飛び交う「Ａ＆Ｗ」の代名詞的ドリンク。創始者の薬剤師・アレンさんが病気の友人のため、薬草の樹皮や根などの調合を繰り返し、完成させたオンリーワンにして「サロンパスの味がする」と評判のアレ。薬なのだ。聞けば、今でも沖縄のおばあは風邪を引くとこれを温めて薬代わりに飲んでいるそうである。どんだけ！

15年前に筆者がはじめて口にしたそれの感想は、ドクターペッパーを煮詰めて養命酒で割り、そこに浅田飴クールを入れてエアーサロンパスを掛けた味……にしか思えなかった。当然、まったく飲めずに残す。そりゃそうだ。薬だもの。

「ルートビアも飲めんやつにはウチナーの心はわからんさぁね」

ところが一緒にいたウチナンチュはそんなことを言って、グビグビとウマそうにそれを飲み、あてつけのようにお代わりまでした。ルートビアはお代わり自由だというが、まったく意味がわからない。そもそも薬をジョッキで飲み、さらにお代わりするという感覚がおかしいだろ。アレンさんも草葉の陰で「薬草とってくるだけでも結構大変だったんだよ……」と嘆いているに違いない。

そんなアレンの胸中もお構いなく、ウチナンチュは嫌な顔ひとつせずにルートビアをグビグビと飲む。悔しかった。仮にもビールの名を冠しているからか、子供の頃に大人に「ビールを飲め」と勧められ飲んだらマズいと吐き出して、茶の間の大人たちに「まだ早いな」と笑われるような屈辱。「この味は子供にはわかるまい。内地の人間はくりいむソーダでも飲んどけ」という声が島唄にのって聞こえてくるようだ。

いつもこいつも「まーさん、まーさん（美味しい）」いうてからに。死なさりんど！ どはじめて飲んだその日から、沖縄を去る半年の間、石垣島に渡っては「A&W」でルートビアをする日々が続いた。しかし、慣れとは恐ろしいもので、2回3回と飲んでいるうちに飲めるようになってくるから不思議なもの。さらには、なんとなくのウマさも理解できるようになってくるのだが、ウチナンチュのようにお代わりまでして、グビグビ飲むまでは辿り着けない。

そんな悔いを残したまま沖縄を後にした筆者は、その後も渡沖の度にルートビアの「お代わり完飲」を目指した。

そして10年、15年と月日を重ねた2013年の2月5日。気温23℃の暖かな日に、ついにルートビアお代わり完飲を達成する。感無量。これぞウチナーの心。島人ぬ宝、お代わり無料のルートビア最高と感動して、沖縄出身者に電話する。「俺もやっとウチナーの心を理解できたよ!」と捲《まく》し

立てると、電話口の彼からは冷めた声が。
「地元の人間はA&Wに行ったらオレンジジュースですよ」
……周囲を見渡してみる。確かに、オレンジジュースを飲んでいる客が多い、が。この15年にわたる努力が無駄であったとは決して思わない。なぜならルートビアのウマさを身をもって知れたからだ。そして、「A&W」のオレンジジュースは最高にウマい、ということも。

【文庫版おかわり】2016年もまたプロ野球キャンプで2月の沖縄に滞在した。しかも今年はなんだかんだで2週間。A&Wには2日に一回のペースで通ったが、いくらオレンジがウマかろうが、やはり頼んでしまうのはルートビア。今では関東でも大型量販店などでその姿を見る機会も増えたが、内地では見て見ぬふりをする。オリオンビールもそうだが、あれは沖縄の気候だから美味しく感じる気がする。あっ……思い出していたら鼻の奥にあのサロンパスの匂いがツーンて蘇ってきた。あっ……。

DATA　エイアンドダブリュ沖縄株式会社（本部：沖縄県浦添市）。1963年設立。沖縄のみ27店舗（2016年4月現在）。ザ☆A&Wバーガー650円、モッツァバーガー490円、チリチーズカーリーフライ380円、ルートビアR220円（毎日お代わり自由）、オレンジR220円など。

31

リンガーハット

私たち、今会える長崎の味

念願だった長崎に行ってきた。19歳の頃から日本国内をぶらぶらと旅してきて、唯一未踏の地だった憧れの場所。これを以て47都道府県コンプリートを達成できたことは実に感慨深いものがある。

で、何しに長崎くんだりまで行ったかといえば、ももいろクローバーZが出演する稲佐山ライブを観に行くという、分別ある37歳男性とはとても思えないアバンギャルドな目的のためであった。これをそのまま親族に伝えても眉を顰《ひそ》められるのは必定。何せ奴らときたら「アイドル」と聞いただけで目を瞑《つむ》り、耳を塞ぎ、心を閉ざす。つまりまったく話にならないので、こんな時、薄汚い大人は追及を逃れる為に〝仕事〟という大義名分を使うのだ。

……というわけで、今回は「長崎ちゃんぽんリンガーハット」である。

いやいや。そう書くと、あまりにもとってつけたようではあるが、何を隠そう筆者は子どもの頃から「リンガー」を全力で愛してきたのである！　いや、更に嘘っぽくなってしまったが本当だ。ホラ、あれ……美味しいじゃない。

いや、本当だ。あの「ちゃんぽん」という、可愛らしい語感。ラーメンともタンメンとも分類できない独特の魅力。豚骨ベースに、魚介や野菜のエキスが染み出した濃厚なスープ、うまみをしっかり噛みしめられる太麵。さらに豊富な具材には、赤・黄・緑・ピンクに……紫？　と、目にも鮮やか。エビ！　カマボコ！　もやし！　コーン！　ニンジン！　行くぜ、長崎ちゃんポーン！　リンガーハットォォ！

と……我を忘れて叫ぶほど、愛して止まない。止ませない。

関東の人間にとって、長崎の三大名物といえば＝カステラ、ちゃんぽん、城島記念館であることは今更言うまでもないが、なかでも「ちゃんぽん」のイメージは殆どの人が「赤いとんがりお屋根の長崎ちゃんぽん専門店」こと、「リンガーハット」のそれを抱いているのではないか。

74年に長崎で開店し「長崎ちゃんぽんを世界の日常食に」という、恐ろしく遠大な野望の下に積極的な店舗展開を果たし、いまや全国展開を遂げた同店。以前は郊外のロードサイドでよく見掛け、「山田うどん」に通ずる野暮ったい印象を持っていたが、ここ数年は最新型ショッピングモールのテナント店や、渋谷など東京の大規模都市でも多く目にするようにもなっている。その店内は、老いも若きもファミリーも御一人様も、あらゆる層を取り込んだちゃんぽん状態。リンガーハットが日本におけるちゃんぽんシェアをどれだけ占めているかは不明だが、「ちゃんぽん」という食文化を世界制覇の第一歩として日本に広げた功績は計り知れないだろう。

そして、もうひとつ。リンガーハットには、全国展開を果たした飲食チェーンのみに見られる都市伝説が存在する。

築地の「吉野家」。京都における「天下一品」。それらと同じく「本店（1号店）の味は、他府県の店よりも数段美味しい」という噂。

地元民の間でも「長崎で一番美味しいちゃんぽんはリンガーハット」と言う人はかなりの数いるようで、それを聞いた時から、いつか本場のリンガーハットを食べてみたいと思っていた。となれば、長崎初来訪のこの折に、行かない手はないと、長崎ちゃんぽん発祥の店といわれる「四海樓《しかいろう》」（ものすごい立派な建物。ちゃんぽんミュージアムなんてものまである）にも、カステラ一番電話は二番の「文明堂総本店」にも脇目もふらず、目指した先は「リンガーハット」。

その本店は、さすがちゃんぽんを日常食としている長崎なだけあって、昼時はお客さんの入りも凄まじく、期待感は弥《いや》が上にも高ぶろうというもの。

だがしかし、注文した念願の「ちゃんぽん」を、ひと口食べた瞬間、思わず口を衝いて出てきた「フツウゥゥ！」という言葉。それが何より素直な感想だった。

ただ正直、舌に自信はない。誰かに「東京よりウマいでしょ？」と聞かれれば、なんとなくそんな気がしてくる。本店の方が麺がしっかりしているような、スープのコクがあるような、具材が新鮮なような……気がしないでもない。

確認のために隣にいた「近くに住んでいる」と自称する前川清似のオッサンに「東京よりウマいってのは本当か？」と聞いてみる。

「長崎で食べてるからだろ」

そらそうだ。名物は地元で食べるのが一番ウマい。身も蓋もない話ではあるが。期待していた分、肩透かし感は否めないが、ある意味本場・長崎と同じ味を、東京でも食べられることは幸せとも言えよう。これぞチェーン店の醍醐味というヤツだ。長崎という鎖国時代に唯一異国との貿易が許された土地で、中国人によって生み出され、日本各地でそれぞれに発展するなど、様々な文化がごったまぜになって出来上がった「ちゃんぽん」という奇跡。一見バラバラな個性を持つ食材が一つになると、老若男女を魅了する輝きを見せつける。さぁ、長崎の名物から、世界の日常食へ。エビ！　カマボコ！　もやし！　コーン！　ニンジン！　行くぜ、長崎ちゃんポーン！　リンガーハットォォ！

【文庫版おかわり】コンビニの有名ラーメン店監修シリーズのようなカップ麵化計画がリンガーハットにもやってきた。だいたいこの手のシリーズの感想を人に聞くと、どこに気を遣っているんだか知らないが、「なんとなく似てる」「カップの割に美味しい！」なんて雁首並べて同じものしか出てこない。正直、何ひとつとして美味いと感じたことがない。店側が〝監修〟としているのは実に巧妙な逃げ口で、失敗したって監修ならば自分の店は傷つかない。もはや〝名前貸し〟を言い換えたレベルである。で、この「リンガーハット国産野菜のちゃんぽん味スープ春雨入り」。エースコックとコラボしてリンガーハットが〝監修〟したという新商品。ちゃんぽんだと思っていたら、代わりに入っていたのが春雨。1食わずか62㎉と超ヘルシーだ。しかもスープは長崎ちゃんぽんのあの魚介の風味豊かでまろやかなスープに、キャベツやもやし、ニンジンにカマボコなんて具材まで入っている。……わかったことがある。性善説に基づけば、有名店のカップ麵商売は成立する。

DATA　リンガーハットジャパン株式会社（本店：長崎県長崎市）。1974年長崎市に「長崎ちゃんめん」1号店開店。全国675店舗、海外5店舗（2015年6月現在）。長崎ちゃんぽん561円、野菜たっぷりちゃんぽん756円、長崎皿うどん604円、餃子（5個）270円など。価格は長崎宿町店。

32

ビリー・ザ・キッド

テキサスの暴れ牛

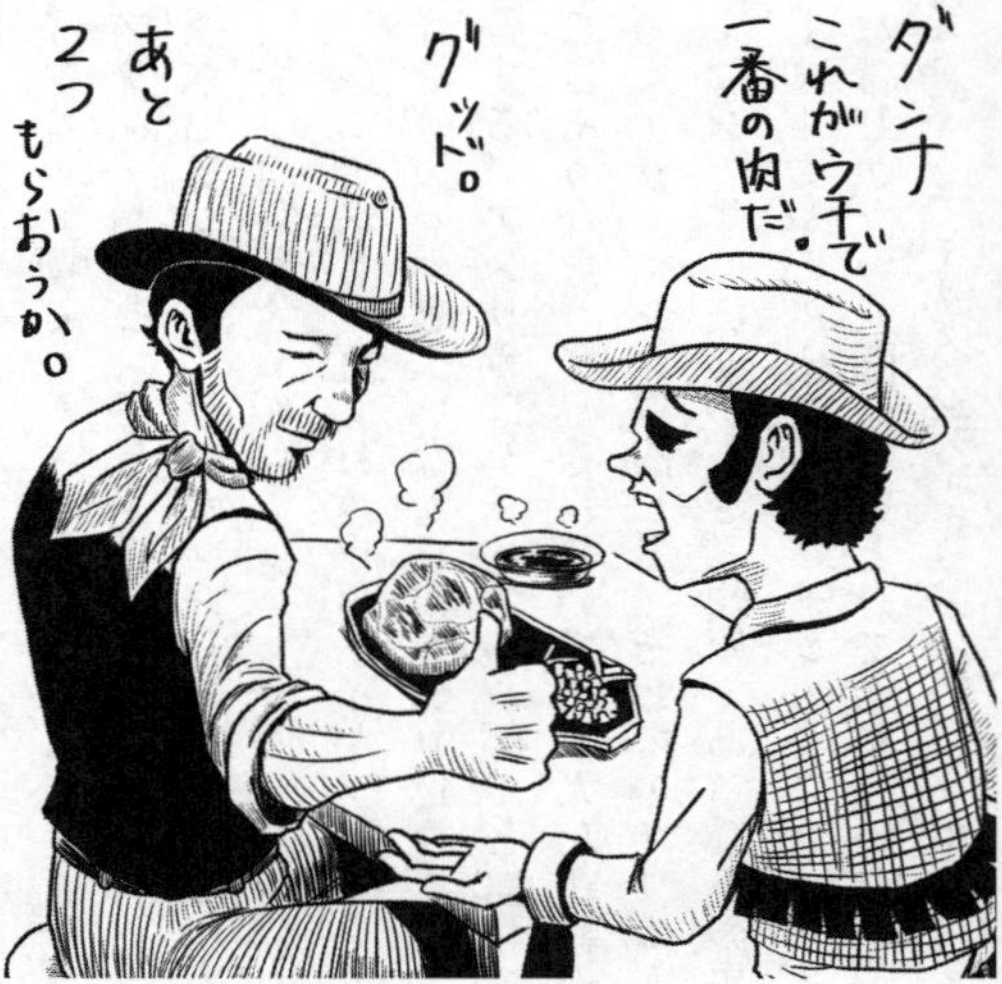
ダンナ これがウチで一番の肉だ。
グッド。
あと2つもらおうか。

日本の大エースとなったダルビッシュ有がMLB・テキサスレンジャーズへと移籍してからというもの、世の中に「テキサス」という単語がやたらめったら増えているような気がしている。いや、実際世の中に流通しているテキサス総量は変わっていないのかもしれないが、カウボーイにジョージ・W・ブッシュ。テンガロンハットにウエスタンブーツなどの、ステレオタイプないわゆる〝テキサス人〟はとにかく一瞥のインパクトが強い。代表的な例ではスタン・ハンセン。ヒース・ヒーリング。ハンマー・カンマー。七曲署の三上刑事も熊本出身なのに、テンガロンを被っていたために〝テキサス〟と呼ばれてしまうその侵食力。無限大。

テキサス。それは男の憧れであり、象徴である。荒くれカウボーイがフォークでぶっさした血のしたたるブ厚いステーキを、ガハハと笑いながら口へ放り込みブチィと嚙み切る。血の気が多く、すぐに決闘する。アメリカはテキサスの一部だと信じて疑わず、気を抜けば独立戦争を仕掛けてきそうな危うさ。それでいて、子犬が新幹線に轢《ひ》かれそうになると身を挺して助ける（テリーマンね）優しさ。そしてアメリカ人なのに額に〝米〟と漢字で書く（テリーマンです）奥ゆかしさ。州旗であるひとつ星を身にまとう愛州精神（テリーマンそしてドロンパ）というイメージがあるわけで、己が如き益荒《ますら》男《お》に憧れるマスオ風情になるしかない人間は、男として猛り狂いたい時、枯渇したテキサスブロンコを補充するため、〝テキサスステーキ〟を捕食しに出掛ける。

ご存知か。東京には何店か拠点を持つ、筆者が愛してやまない店。それが米国南部ならぬ、東京東部に数多く点在する大衆ステーキ店「ビリー・ザ・キッド」である。伝説の早撃ちガンマンの名を冠した荒ぶる男の店。

溢るる肉汁にしたたる血。分厚い肉塊は1ポンド弱（約400グラム）。そいつを食べるのにシャレたステーキソースなんてものは必要ない。これでもかと山盛りにしたニンニクに、何故か日本風の醤油をブッ掛けガブリつけば、隅田川は静かなるレッドリバーバレーに、浅草雷門および人力車の群れは、アラモ砦に集う騎兵隊に見えようかというもの。

あのステーキは男の証だ。男としての闘争本能を掻き立てられる戦いの儀式だ。400グラムのテキサスステーキなんて鉄板から肉がはみ出した暴れ牛は、食べる側にカウボーイ並みの気合がなければ逆にやり込められる。

「日暮里店によく行く」という編集久保はキッドステーキ（200グラム）を頼むらしいが、文字通りケツの青いお子様にはそれぐらいがお似合いだ。人は一体何をしにビリーへ行くのか？　暴れ牛を乗りこなし、テキサスブロンコを魂に注入するためではないのか？

深夜2時。徹夜仕事の最中に、気合が足りないと感じれば、タクシーで店へと乗り付ける。西部劇風ウエスタンドアをギィと開き、決してキレイとはいえない店内に入れば、軽妙なカントリーミュージックに乗ってテンガロンハットの純日本人顔なパンチョが笑顔で「やぁ、よくきたね」と迎えてくれる。

店内を見渡すと、そこは夜中に肉を欲するような血なまぐさい連中の巣窟。お水風にニート風、業界人風。熟年不倫カップルなどは、なんだか早撃ちな感じでべちゃつき、気を抜けば粘ついた空気に絡めとられるような空気。

オーダーはいつも同じ。テキサスステーキにメキスープ。ライス大盛りだ。

もちろんステーキ以外のメニューも捨て難い。「びっくりドンキー」約2・5個分という、もはや鈍器サイズの「ジャンボハンバーグ」やら、辛うまい焼肉「インディアン」なんてものも絶品である。

しかし、この店を訪れ、ステーキの選択肢を捨てることはできない。オーダーを聞きに来たパンチョ（純日本人顔）に「おいおい、豚や仔牛とじゃれあいに来たのかい」と言われているような気がして、周囲の客人に「この町の流儀を知らねぇみてぇだな。これだから田舎者は困るぜ」と鼻で笑われているようで、テキサスを捨てられない。

あの暴れ牛を平らげるには手順がいる。まずはメキサラダで体をほぐし、血の池地獄かと思うような激辛の「メキスープ」で食欲をMAXまで引き上げる。そうしてやってきた暴れ牛にオン・ザ・バターをまんべんなく塗りたくり、ナイフで分厚く切り分けたら、ニンニクとライス（時々エローテ）と共に片っ端から平らげる。

その戦っている感。食べている時の気合いとノリは、ロデオボーイぐらいの高揚感は軽く超える。思わず「イヤッホー！」と叫んでは、隣席の熟年不倫カップルに煙たがられる深夜3時。すべてを平らげ、食後に出てくる薄すぎるアメリカンコーヒーを飲んだ時、「ああ、俺は今日もカウボーイだった」と満足して「ハイヨーシルバー！」とタクシーを呼ぶ。

で、仕事場に帰る頃には暴れ牛との壮絶な格闘で気合いを消耗し尽くしてしまった代償として物凄い睡魔に襲われるのだ。

まぁ、大体、気がつけば朝になっている。ついでに翌日は大量に摂取したニンニクにより、家族や友人が蜘蛛の子を散らすように逃げていき、商談などできる体ではなくなる。暴れ牛との激戦の傷跡は毎度深い。

ならば止めればいいのに……と宣うのは簡単だ。腰抜けタコス野郎はそうすればいい。だが、それでも止められないのだ。それはカウボーイがロデオに挑むが如く、この暴れ牛と戦うことが男であり続けることの証。枯渇した気合を漲《みなぎ》らせるための魂の儀式なのだ。今日も日暮里に赤い夕陽と大切な何かが落ちていく。

【文庫版おかわり】覚えておきな。勢いだけでやたらと牛に戦いを挑んでいられるのも今のうち。若僧が今も生きていられるのはただ運がいいだけだ。年老いたカウボーイは目の前に暴れ牛がいたとしても、経験がある。命をドブに投げ出すマネはしない。確認しろ。まずは数値だ。荒野のガンマン……いや、今夜のγはどうか。血糖値・血圧は正常か。胃薬はあるか。明日、大事なミーティングはないか。自分一人じゃない。200%部下に陰口を叩かれることを覚悟しろよ。家族。ニンニクで寝室から追い出されないか。翌朝、子供に話し掛けたら軽蔑の眼差しで無視されないか。経験は踏み込みを躊躇わせる。そして、カウボーイはパンチョになった。

DATA　本店：東京都墨田区。東京を中心に千葉・埼玉・神奈川に23店舗（2016年3月現在）。テキサスステーキ2770円、キッドステーキ1720円、ジャンボハンバーグ1250円、インディアン1150円、メキスープ530円、チリコン485円、チョリソ645円など。価格は税抜き。

33

東京チカラめし

バーニング牛ボウル

「瞬きひとつで、時代は変わる」

そんな言葉を「すき家」の書き出しで綴った。「吉野家」から「松屋」、そして「すき家」へ――という牛丼界の変遷のあまりの早さについてだが、あれからわずか1年足らずでまたしても牛丼界には新手の牛丼チェーンがその勢力を増してきているそうだ。

その名は「東京チカラめし」。２０１１年6月に池袋へ第1号店を出店してから、わずか1年半で１２７店舗を展開するという驚異のスピード。気がつけば、あっちにもこっちにも、軍師に諸葛孔明でもついているんじゃないかと疑うほど、あっという間に、鮮やかに、東京はチカラめしに包囲されてしまった。

その昔、「吉野家」が旗印とした牛丼界の掟「早い美味い安い」。これも「東京チカラめし」においては、提供時間・味・値段というより、出店ペースが早い、仕掛けがうまい、安い……は別に……と適当な感じで申し訳無いが、とにかくこの「チカラめし」。その〝うまさ〟にはほとほと感心している。

まず、そのネーミングからしてパワー系を連想させる。これからチカラを発揮しなきゃならん時の昼飯前なんざに、うっかりこの店の名を見てしまえば、筆者のような真性プラシーボ人間なぞは素通りできるわけも無い。

で、看板は全面にオレンジだ。凄い。牛丼界の元盟主・「吉野家」のブランドカラーであるオレンジにあえて被せて勝負に出る気構え。まるで旧後楽園時代の日本ハムファイターズのような無骨さを感じずにはいられない（同じ後楽園を本拠地にしていた球界の盟主こと巨人軍もオレンジ色がイメージカラー。念のため）。

そして、その主力商品に持ってきたのが〝焼き牛丼〟なのである。もはや日本の外食界において揺るぎない地位を築いた〝牛丼〟。それをこともあろうに焼いちまったのだ。

「なんだそりゃ」。

誰もが思ったであろう真理。まずもって牛丼を焼くとか意味不明である。牛を焼くならわかる。だが、残念それは焼肉丼。〝焼き牛丼〟であるならば、〝牛丼〟を焼かなければ成立しない。すでに煮込んである牛肉を何故？　どうやって？

そんなもやぁっとした謎を突きつけられた者たちは、否応なくオレンジの看板に引き寄せられていくわけである。筆者もまた、この〝焼き〟の真相を確かめずにはいられなかった。突然現れて東京を包囲した謎だらけの「東京チカラめし」。この店は既成の牛丼界を覆す革命戦士になるのか、はたまたタダの目立ちたがりの一発屋なのか。

それをはじめて口にしたのは、暑い夏の日だった。御徒町。入り口の券売機には「焼き牛丼」の文字。恐る恐る購入しカウンター席につくと「イラサいマセー」と店員がたどたどしくも、にこやかに出迎えてくれた。名札は中国人らしき名前。その横には経営元の三光マーケティングフーズの標語らしき「三光モチベーション」という文字である。

中国人が〝三光〟をモチベーションにしちゃマズいだろ。と、戦後レジームから脱却できない自虐史観な日本人としては震え上がるしかない（さらに〝焼き〟だし）が、恐る恐る食券を渡すと、奥のグリルで店員が肉をジュージューと焼きはじめた。どうやら注文を受けてから焼き始めるようだ。当然牛丼より提供時間は掛かるがしょうがない。

やがて眼前に完成品が運ばれてくる。「焼き牛丼」。焼いた肉&タレ&ごはんという三つ巴。このテッパンの組み合わせで美味しくないわけが無いのだが、肉も安物な感じはせず、味噌汁がついての330円（2013年時）なわけだから、流行るのも無理は無いと納得はできる。

そしてカウンターに据えられた薬味類。これがまた攻めている。牛丼屋の薬味といえば「七味と紅ショウガ」というのがどこの牛丼チェーンでも踏襲してきた国民的伝統薬味である。しかし、「チカラめし」がそこに置いたのは「辛みだれ」と寿司屋にある「ガリ」。「辛みだれ」はまだわかる。焼肉にコチュジャンは付き物だものね。これは味のアクセントをつける最高のパートナーになることは間違い無い。しかし同じ生姜でも紅ショウガではなく甘酢を使った「ガリ」は発想になかった。確かにこの付け合わせは脂っぽい肉に合うのだ。ガリで口中は凄まじくさっぱり。これは盲点だった。

1年半で100店舗達成。急成長する店にはそれなりの理由があるということか。さらに焼いただけでは気がすまず「さっぱりトマトの焼き牛丼」「わさびマヨの焼き牛丼」など「すき家」的なトッピングを加えた新メニューも続々と登場しているようで、新しい牛丼のスタイルをなんとか作り上げようと模索しているようにも思えた。

正直に凄いと思う。だが、ひとつ。ずーっと疑念が残っていた。「これ、結局のところ焼肉丼じゃないか」というごくごく単純なことを。

〝焼き牛丼〟なんて狙わなくとも、十分に満足できるんだから焼肉丼でいいじゃないか。そこだけがどうしても腑に落ちず、暫くの間店に通い考えた。でも何が狙いなのか、ちっともわからない。嫌になりかけていたある時、ふとメニューの焼き牛丼の文字を見ると、すべてがストンと解決してしまった。これ「焼き・牛丼じゃなくて焼き牛・丼」じゃないのか……。

そんな結論で納得したのとほぼ同時期、東京チカラめしは、今度は凄まじい勢いで撤退をはじめる。その数、半年で39店。100店舗以上あった店舗は次々と姿を代え、人々をあざ笑うかのように姿を消していく。なかには開店後間も無いのに閉店した店もあったとか。引き際も孔明か。こうなると保留していた〝やすい〟は、諦め〝やすい〟になるのか。うん。やはり、いろんな意味で牛丼界の歴史に残る革命児だった。

【文庫版おかわり】2016年現在、東京チカラめしは東京都内に5店舗。全国で13店舗が営業を続けている。しかし、あれだけの店舗拡大と撤退戦を行った壮大なる一発屋。そのインパクト故か、度々「東京チカラめしは全滅した」という情報が出回るようだ。今は焼き牛丼よりも定食を主体に変えているそうだが、あれだけの大ブームを巻き起こし、一時は牛丼界のトップ3の喉元に刃を突きつけた実績はまぐれではできない。初めて食べたあの〝焼き牛丼〟は確かに美味しかった。この焼け跡から、もう一度、再起を果たしてもらいたい。

DATA　株式会社三光マーケティングフーズ（本社：東京都豊島区）。1975年創業。東京・神奈川・千葉・大阪に13店舗（2016年4月現在）。焼き牛丼（並）430円、（ドデカ）780円、ガーリックねぎ牛丼530円、厚切り豚丼650円、牛焼肉定食670円、焼肉カレー590円など。

34

野郎ラーメン

もう戦わなくてもいい僕たちへ

高校時代。野球部にいたトリハラは毎日部員からカップラーメンの余ったスープをもらい飲みするちょっと変わった奴だった。まぁそのお陰で、彼は高校3年間で2回も腸捻転になって死にかけるのだが、命を取り留めたその後、思うことがあったのか、大手ラーメンチェーン店に就職した。

ラーメンは麻薬だ。子供の頃は体に悪い食べ物の代表選手のように語られ、スープなんて飲もうものなら、母親はまるでそれが毒でもあるかのように、血相を変えて怒ったものだ。

それを思えば、今の時代に蔓延《はびこ》る全般的な味の濃さは隔世の感がある。特にラーメンに関してはいつから日本人はこんなにアブラ塩分カロリー過多のものを好んで食すようになったのかと。

個人的な記憶を辿れば、思い出すのは約15年前の京成線・堀切菖蒲園駅。下り線ホームの階段途中にあった黄色い看板を見た時だろう。そこにはこんな文言があった。

「あのラーメン二郎がついに荒川を越えた」

……いやぁ、今もってこれ以上にそそられるコピーにはお目に掛かれていない。

一体、ナニが越えてきたと言うのか。パンデミックだか、アウトブレイク確実の越境してきてはいけない危険な何某《なにがし》が大河を渡ってきた。そんな危険なモノ見たさで訪れた堀切の小汚い店。「ジロウ」と名乗るソレをひと口食べた瞬間、越えちゃいけないラインを越えていた。

２０１４年現在。ラーメン界における、いわゆる〝二郎系〟の勢いは止まる事を知らない。特にインスパイア系と呼ばれる太麺アブラカラカラ野菜ドカ盛り、ニンニク入れますか？　などの要素を含む店舗が全国的に数を増やしており、果てはカップラーメンにまで〝二郎系〟が登場する有様。「ラーメン二郎」はもはや「ブータン国王夫妻が二郎を所望したので献上した」という冗談が真実として拡散されてしまうほど、世間に認知されたのだ。

思えば遠くへ来たもんだ。サッポロ一番のスープで怒られていた少年は、今や「二郎は戦いだ！　戦争だ！」なんて主義者たちの発言を鵜呑みにして、アブラとカネシの海で溺れてはヤサイ〝マシ〟から〝マシマシ〟へ。〝ドカヤサイ〟とか言ってる自分にヒタる日々。

気がつけば39歳、文字通りのケットウチマシマシ糖尿でノドカラカラ体重ドカ盛り三重苦歳。昔、「二郎」の店主に言われた「いつか、卒業する時は必ず来るよ」の〝卒業〟の言葉は、〝この世〟に掛かる言葉ではないかと思うようになった。

それはともかく。ここ最近、あの〝焼き牛丼〟の「東京チカラめし」の焼け野原と化した跡地を中心に、「野郎ラーメン」という〝二郎インスパイア系〟の流れに乗ったかのようなラーメン屋が物凄い勢いで出店数を伸ばしていることをご存知か。いや、太麺ワシワシ、ニンニクドッサリ、化学調味料ガッツリ、背アブラビッシリという相似点はあるが、この野郎。似ているようでまるで違う。麺は極太平打ちと中太ちぢれ麺の2種類から選べ、二郎系の看板でもある無料ヤサイが有料50円で炒め野菜。何より店員に「二郎系ですか？」と聞いたら「うちは野郎系です」と答えたのだから間違い無い。

で、豚野郎である。この「野郎ラーメン」ではチャーシュー麺をこのように呼称する。そして何故か女の子の店員が「豚野郎のお客様〜」と持ってくるという。公式HPにも紹介があるように、この店の話を聞く時、120％「このシチュエーションがドMにはたまらない」という話を聞く。……この国はいつの間に濃い味＋ドM大国になってしまったのだろうか。

そんなこんなで話題となっている「野郎ラーメン」。実際に食べに行ってみて衝撃を受けた。たまたまかもしれないが、券売機の横に女性店員がつきっきりでいる……。何これ？　女王様制度？　いや、販売機の操作がわかりづらいため説明してくれるらしい。なるほど。豚野郎の大を頼みたいのにわからない。「どちらにしますか？」女性店員が優しく語り掛けてくる。つらい。ノリで「何が欲しいんだーい？」とでも言ってくれれば勢いでいけるが、礼儀正しい女性に「豚野郎ください」とおねだりできる度胸はない。時間切れで千円札が戻ってきた試練を3回越えて漸く買えた豚野郎。しかしHPで説明もあった例の「豚野郎のお客様〜」の掛け声と共にブツを持ってきたのはたいそうな豚野郎のオッサンだった。

これは何だ。男色豚野郎とでも、サムソン豚野郎とでも言いたいのかねと憤慨しつつ、豚野郎を食べてみる（ラーメンの方です。念の為）と、目が覚める思いだった。「二郎」よりも数段優しいスープが、チャーシューが、丼のへりに描かれたWピースで腹が突き出たオッサンの憎たらしいイラストが語り掛けてくる。

「オイ豚野郎。ラーメンごときで戦わなくていいんだ。残したかったら残せ。ここはよぉ、二郎じゃないんだぜ」

終始、オッサンにそんなことを言われているような気がした。

やがて麺とスープが減ってくると隠れていた丼のへりにいたオッサンの下半身が露わになる。その褌にはトドメとばかりに〝豚野郎〟の文字……。はたと気がつく。なんだ。この醜いオッサンは、豚野郎は……俺じゃないか。様々な意味で「二郎」とは一線を画した野郎ラーメン。それはカロリーのチキンレースから降りられなくなってしまったもう若くはない僕らの矯正場。一億総豚野郎と化してしまった日本国民よ。豚野郎という言葉の重みを受け止めに野郎ラーメンの門をくぐれ。

そういえばトリハラはラーメン屋を退職したと同時に、もうスープを飲むことは止めたと言っていた。大人になった彼には、野郎ラーメンの油そば「汁無し豚野郎」を勧めてみたい。もう一度書く。汁無しの豚野郎である……うん。これはさすがに折れる。ムリだ。

【文庫版おかわり】まだ汁無し豚野郎は無理だ。煮干し野郎ってのもキツイな。

DATA　株式会社Team86（本社：東京都世田谷区）。2008年創業。東京を中心に神奈川、千葉、埼玉に21店舗（2016年4月現在）。豚野郎ラーメン950円、メガ豚野郎ラーメン1080円、味噌豚野郎980円、汁無し豚野郎880円、まかない野郎定食400円など。価格は神田本店。

35

ファミリーレストラン

ファミール

人間、変われば変わるもんで、昨年子供が生まれて以来、食に対する意識が少しずつ変わり、ファミレスなんかもできれば避けたいなぁと思うようになってきている。そんな折、幼少の頃母はあの鳥を「アホウ鳥だ」とヌカしていたことを思い出した。

あの鳥……〝ファミリーレストラン〟の文化を日本に根付かせた「すかいらーく」の鳥。正体はひばりなのだが、筆者をはじめとする当時の子供たちにとってのあの鳥は、チルチルミチルの青い鳥ぐらい幸せの象徴であった。その鳥のいる場所は、ハンバーグやらクリームソーダやらがずらりと並ぶ桃源郷。ああ、母さん、晩御飯の筑前煮なんて投げ出して、あの鳥を探しに行きませんか。なんて調子で年中駄々をこねられては、母親としてはイヤミのひとつも言いたくなるのが人情。母が「アホウ鳥」と罵ったのは、そんな背景もあったのだろう。

一方アホウ鳥の〝最大のライバル〟と目されたのが「デニーズ」。こちらも当初は本家アメリカの影響が色濃かったものの、次第に日本オリジナルの進化を遂げ、メニューに江口寿史が描く女の子のイラストを起用するなどオシャレな雰囲気を醸し出し、さらに「いらっしゃいませデニーズへようこそ」というキラー題目で、独自の世界観を構築。その後、合併会社セブン&アイホールディングスへ母体が変更されるのだが、同グループには、「デニーズ」という大看板の陰に隠れ、地味ながらも忘れてはならないファミリーレストランが存在している。

その名を「ファミール」という。

たこ焼きなどを売る「ポッポ」と共にイトーヨーカドーに入っていた〝デパート型ファミレス〟は、「すかいらーく」「デニーズ」「ロイヤルホスト」などの表舞台を賑わせた王道ファミレスとは一線を画す、地味ながらも和洋中と痒いところに手が届くオールマイティなラインナップで、買い物に疲れた中産階級家族の休日最後の仕上げとなる大イベント〝ご馳走〟の大役を担った。

このレストラン、ヨーカドーという買い物施設に付属しているという性質上利便性は非常に高く、週末の夜ともなれば店内は、買い物帰りの家族客でごった返し、順番待ちの用紙は3人、4人でお待ちのファミリーネームがずらずらと並ぶ超ファミリー仕様。我が家の場合「すかいらーく」を〝アホウ鳥〟呼ばわりしていたこともあって、おそらく幼少の頃、もっとも訪れた回数の多いチェーン店だったに違いない。

そんな背景があるからだろう。世の中に〝ファミレス〟という店は、数多くあったが、ファミリーレストランと呼べるのは「ファミール」だけだったように思う。

記憶に残るもの。なんとなく、かろうじて、おぼろげに覚えているのは、地味ながらも、和洋中とシンプルな料理が豊富に揃っていたということ。それに乗じて家族は全員バラバラのオーダーだ。30代中頃の父が中華丼とラーメンという重量級を2つ注文し、その食欲に大黒柱たる威厳を感じながら「いつかは俺も」と憧れたこと。同時に「そんなのラーメン屋で食えよ」とも思うが何も言えない。そして、母は松花堂弁当みたいな和食で、妹はお子様ランチだ。幼き日の自分は何を食べたのだろうか。まるで覚えていない。まぁ、どうせハンバーグに決まっている。何故って、そこには幸せな記憶しかないからだ。

＊　＊　＊

あれから30年以上の時間が流れたことを知った。最後に家族でイトーヨーカドーに行ったのなんていつのことだったのか覚えてもいない。いつしか「ファミール」という店も、〝ファミリーレストラン〟という概念も、人生の中からやんわりと姿を消し、その記憶も忘却の彼方へと追いやられていた。あまりにも触れる機会が無さすぎて。

だから、あの「ファミール」。失礼ながら、もうすっかり無くなっている店だと思っていた。

今年の正月に実家の茅ケ崎に帰省した。病院に呼び出されたのだが、話を聞いてみたら66歳になった父が末期の肺癌と宣告された。参った。非常に参った。

そっから、どこへ行くでもなく、駅前をブラブラしていたら、ヨーカドーの「ファミール」の前に来ていた。そんなわけ無いのだが、外からの見た目も、机と椅子の感じも、30年前の昔と同じような錯覚がして、思わず入店してハンバーグを頼んでみた。

出てきたハンバーグは、昔ここで食べた飛び上がるほどウマいと感じたものとは全然違う、フツーにウマいハンバーグ。生まれてはじめてひとりで食べる「ファミール」は、なんて味気なく、大好きだった〝ファミリーレストラン〟の味ではないと思い知った。

つまりは、そういうことなのだ。以前「ガスト」で390円ハンバーグを食べている隣の家族連れを見て「少年よ、はしゃぐな。大事な外食の機会を安いガストでごまかされてるぞ」と心の中で警告を発したことがあったが、本当に何もわかっていなかったのは俺の方だった。

父と母と妹と自分。家族が揃ってメシを食べられたことが、今となってはどれだけ

貴重な時間だったのかと思い知らされる。

あの時、父がぺろりと食べた中華丼とラーメンも、数多のチェーン店で鍛えてきた今の自分ならわけもなく食べられる。それを見た父さんは何と言ってくれるだろうか。そして、俺の一番大切な息子は何を思ってくれるだろうか？　きっとすげぇと目を輝かせるに違いない。

家族に残された時間があとどれだけあるのか知らないが、できるだけファミリーレストランに行ってみたい。大好きな家族、〝ファミール〟だった、その証に。

DATA　株式会社セブン＆アイ・フードシステムズ（本部：東京都墨田区）。１９72年1号店出店。全国54店舗（２０１６年4月現在）。ビーフ１００％ハンバーグ８９６円、チキンとチーズのとろ〜りオムライス７９7円、醤油ラーメン５７０円、おこのみ和風弁当１１８５円、お子さまランチ４９４円など。

文庫版あとがき

こんにちは。本日は２０１６年４月吉日です。本書「気がつけばチェーン店ばかりでメシを食べている」を、最後までお読み頂きまして本当にありがとうございました。本稿は２００７年、32歳の春から月刊『散歩の達人』誌上で連載していた「絶頂チェーン店」「絶頂チェーン店ＭＡＸ」「絶頂チェーン店Full throttle《フルスロットル》」というなんだかなぁというタイトルの連載をベースに、加筆・改訂・焼き直しをしたものです。途中４年の休載期間がありましたが、今年で足掛け10年。月に一度、特に考えもなく、その時気になったチェーン店へ行って、あーだこーだ言い続けた記録であります。

最初のうちは「安くてウマくて腹いっぱい」に最も主眼を置いた、30代独身男子のどうしようもないジャンクなチェーンメシ事情でした。いま読み返してみると、もう若くはないのに、一生懸命20代の感覚を引き延ばそうと足掻《あが》く姿が滑稽です。

それからＭＡＸで36歳。Full throttle で37～40歳と、月に一度のお約束を果たしてきたのですが、その間に酷使してきた胃袋はすっかり翌日にもたれるようになり、新陳代謝も微動だにせず、腹には食べた分以上の何かが潤沢に載ってくる始末。この前病院でエコー検査したら、腎石、胆石、尿道結石があると言われました。スリーボールです。あと1球ボールが来たらテークワンベースですよ。

己が身を取り巻く環境も4年前の結婚、そして3年前の長男誕生とエライ人生の転換期があり、今ではすっかり健康志向。「チェーン店は絶滅せよ！」と声高らかに叫びながら、バンダナを巻いて自然食品と無農薬野菜店に入り浸る日々。嘘です。

そんなことはともかくとして、このチェーン店にまつわる謎の読み物は、連載開始当初から意外と同じような思いをしてきたという読者からのご意見をいただき、改めて僕らの世代の多くは、家族の外食といえばファミリーレストランであり、チェーン飲食店なんだなぁと思い知った次第です。

最後の「ファミール」でも触れましたが、末期ガンになった父・順三が「おまえの書くもので唯一、まとも」と褒めてくれたのがこの連載だったりしまして、正直どこをどう読めば〝まとも〟に思えるのかサッパリわからないのですが、それでも、毎月読むことを楽しみにしてくれていたようです。

まぁ、それもそのはず。読み返してみれば、ロブスターを「ザリガニ」と一刀両断にしてみたり、幼少期からくるまやでもつ煮込みのような博打メシに親しませたりと、僕の食への傾倒は父の思想がかなり影響しています。いうなれば僕は「ソース焼きそばが欲しかったのに、カタ焼きそばなんて食えるか！　離婚だ！」と家を出て行ってしまうような、メシに対して一見無頓着なようでヘンなところに執着する父のこだわりの継承者にして語り部。本人は死ぬ気満々ですが、食欲が全然落ちないのを見ていると、人間、やっぱり〝欲〟だよなとしみじみ思うのです。

そして、この文庫本の発売日に3歳になる息子も、やっぱりチェーン店ばかりでメシを食べています。好物は大戸屋の「しまほっけの炭火焼き定食」や、くら寿司「納豆巻」「赤鳥ゆずうどん」あとは牛角の「ぼんじり」で、ハンバーグやスパゲッティグラタンなどは拒否するシブ好み。これからどんな人になるんだろうと楽しみです。

最後になりますが、この連載をはじめようと言い出してくれた『散歩の達人』編集部の山口元編集長、面白がって続けてくれた武田現編集長。なんだかんだの担当編集久保拓英ならびに書籍化と、文庫版にも快く送り出してくれた交通新聞社の方々。そして「文庫にしたい」なんて言い出してくれた講談社文庫出版部の渡部達郎さんに、厚く御礼を申し上げます。本当にありがとうございました。責任はとりません。

あとはイラストの東京キリマンジャロことサカモトトシカズ氏。彼の絵がなければこの本は成立しませんでした。これからも二人で東海林&さだおを目指していきます。

そして、こんな筆で書かれても怒らずにいてくれた各チェーン店の皆様、心から感謝致します。次回作もカミングスーンなはず。今後とも何卒よろしくお願いします。

本書は二〇一四年六月に交通新聞社から刊行された単行本に、加筆修正したものです。
本文中の記述は、注記したものを除いて単行本刊行当時のままとしています。

|著者| 村瀬秀信　1975年、神奈川県茅ヶ崎市生まれ。ライター、コラムニスト。近著に『4522敗の記憶　ホエールズ&ベイスターズ涙の球団史』『プロ野球最期の言葉』『アンソロジー　餃子』（共著）などがある。

気《き》がつけばチェーン店《てん》ばかりでメシを食《た》べている
村瀬秀信《むらせひでのぶ》

2016年６月15日第１刷発行
2019年３月20日第６刷発行

講談社文庫
定価はカバーに
表示してあります

発行者――渡瀬昌彦
発行所――株式会社　講談社
東京都文京区音羽2-12-21　〒112-8001
電話　出版（03）5395-3510
　　　販売（03）5395-5817
　　　業務（03）5395-3615
Printed in Japan

デザイン―菊地信義
本文データ制作―講談社デジタル製作
印刷――信毎書籍印刷株式会社
製本――株式会社国宝社

ISBN978-4-06-293397-1

講談社文庫刊行の辞

二十一世紀の到来を目睫に望みながら、われわれはいま、人類史上かつて例を見ない巨大な転換期をむかえようとしている。

世界も、日本も、激動の予兆に対する期待とおののきを内に蔵して、未知の時代に歩み入ろうとしている。このときにあたり、創業の人野間清治の「ナショナル・エデュケイター」への志を現代に甦らせようと意図して、われわれはここに古今の文芸作品はいうまでもなく、ひろく人文・社会・自然の諸科学から東西の名著を網羅する、新しい綜合文庫の発刊を決意した。

激動の転換期はまた断絶の時代である。われわれは戦後二十五年間の出版文化のありかたへの深い反省をこめて、この断絶の時代にあえて人間的な持続を求めようとする。いたずらに浮薄な商業主義のあだ花を追い求めることなく、長期にわたって良書に生命をあたえようとつとめるところにしか、今後の出版文化の真の繁栄はあり得ないと信じるからである。

同時にわれわれはこの綜合文庫の刊行を通じて、人文・社会・自然の諸科学が、結局人間の学にほかならないことを立証しようと願っている。かつて知識とは、「汝自身を知る」ことにつきていた。現代社会の瑣末な情報の氾濫のなかから、力強い知識の源泉を掘り起し、技術文明のただなかに、生きた人間の姿を復活させること。それこそわれわれの切なる希求である。

われわれは権威に盲従せず、俗流に媚びることなく、渾然一体となって日本の「草の根」をかたちづくる若く新しい世代の人々に、心をこめてこの新しい綜合文庫をおくり届けたい。それは知識の泉であるとともに感受性のふるさとであり、もっとも有機的に組織され、社会に開かれた万人のための大学をめざしている。大方の支援と協力を衷心より切望してやまない。

一九七一年七月

野間省一